⋟ Rough Seas and Strange Food ⋞

Emigrating from Abruzzo to Nova Scotia

—⋟⋞—

EGIZIA SANTILLI BROWN

Peter E. Randall Publisher
Portsmouth, New Hampshire
2025

ALSO BY EGIZIA BROWN

❖ From 1º Vico Primo Porta Nuova and Beyond ❖
Memories of an Abruzzo Childhood

© 2025 Egizia Brown

All rights reserved. No part of this publication may be reproduced, distributed, or transmitted in any form or by any means, including photocopying, recording, or other electronic or mechanical methods, without the prior written permission of the publisher, except in the case of brief quotations embodied in critical reviews and certain other noncommercial uses permitted by copyright law.

ISBN: 978-1-963714-06-7
Library of Congress Control Number: 2024927029

Published by
Peter E. Randall Publisher LLC
Portsmouth, NH 03801
www.perpublisher.com

Front cover: Egizia Brown, Mount Saint Vincent University Graduation 1967
Title page photograph: Left to right, back row: Venanzio, Anna, Felicia, Mamma Maria, Papa Giuseppe; front row: Egizia, Giovanna, Elena

Book and Cover Design: Tim Holtz

Printed in the United States of America

Summary: For the Italian language student, this dual-language book features thirty two stories—each written in the original Italian, with English translations, recipes and photographs. The stories are taken from the age of ten to the adulthood of the author, who has been an Italian language teacher for many years.

DEDICA

Questo libro è dedicato con affetto ai miei allievi dei corsi di italiano che per primi hanno ascoltato il racconto della mia vita in Canada e mi hanno spinto a farne una pubblicazione.
   Vi voglio bene.

DEDICATION

This book is lovingly dedicated to my students of Italian who first listened to the stories of my life in Canada and encouraged me to publish them.
   Vi voglio bene,
   Egizia Santilli Brown

RINGRAZIAMENTI

Con profonda riconoscenza e sentita gratitudine riconosco il contributo della mia amica Anne Atkins che ha trascritto i racconti e con grande pazienza e determinazione mi ha aiutato a portare questo lavoro fino in fondo rimuovendo ogni possibile ostacolo, di mia cugina Mariapina Di Simone che ha fatto la revisione delle bozze in italiano e mi ha incoraggiato e suggerito soluzioni molto positive per la comprensione del testo, della mia amica Francesca Schwab che ha rivisto i racconti in inglese rendendoli più scorrevoli alla lettura, della mia famiglia per avermi incoraggiato a elaborare le mie storie, della mia editrice Deidre Randall i cui suggerimenti creativi sono stati di grandissimo aiuto.

A tutti grazie.

ACKNOWLEDGMENTS

With deep appreciation and heartfelt gratitude, I acknowledge my friend, Anne Atkins, who has transcribed the stories with great patience and determination and helped bring this work to fruition; my cousin, Mariapina Di Simone, who made revisions to the Italian drafts and encouraged and suggested very positive changes for the comprehension of the text; my friend, Francesca Schwab, who proofread my English stories, improving the translation; my family for encouraging me to elaborate on my stories; and my publisher, Deidre Randall, whose creative suggestions were most helpful.

Thank you, everyone.

TABLE OF CONTENTS

Prefazione *xi*
1. Mio padre va all'estero *1*
2. Alice insegnante di papà *8*
3. Enrico Presutti *10*
4. Gli angeli del Molo 21 *14*
5. Bottilamilk *21*
6. Lezione di cucina con Giulia *24*
7. Vinificazione *29*
8. La dodicesima classe *33*
9. La mia sorellina Felicia *38*
10. Libertà *44*
11. Mamma la lavoratrice *50*
12. Il nostro primo viaggio *55*
13. Le biglie e *La Divina Commedia, Inferno* *59*
14. *La Divina Commedia, Purgatorio* *65*
15. *La Divina Commedia, Paradiso* *70*
16. Giovanna Victoria *77*
17. Anna Maria *81*
18. Elena Giuseppina *84*
19. Il mio fratellino Venanzio *88*
20. Venanzio vide l'autopompa antincendio *92*
21. La casa e l'accoglienza *96*
22. La promessa *100*
23. Un topolino *105*
24. Nella bevanda *109*
25. Orti pratolani *114*
26. L'esplosione di Halifax *117*
27. Volo Swissair 111 *121*
28. Le fortificazioni di Halifax *127*
29. I piedi di Jerome *130*

30. La scoperta *135*
31. Incendi e alluvioni *141*
32. La fontana *145*
33. Appendice: Ricette *149*
About the Author *162*

PREFAZIONE

Dopo averci raccontato, nel primo libro, vicende e situazioni relative alla sua infanzia italiana, Egizia Santilli Brown con la seconda opera ci conduce là dove suo padre decise di emigrare per seguire il suo "sogno americano" e per cercare condizioni di vita più propizie per i suoi figli.

Questo volume è dedicato al Canada e ad Halifax, città di adozione della famiglia Santilli. Protagonisti sono la sua famiglia che nel nuovo Paese si arricchisce di tre sorelline e un fratellino, gli amici e le persone che Egizia incontra nella sua nuova vita canadese.

Ancora una volta ci troviamo davanti a brevi racconti che hanno una propria autonomia ma che tutti insieme, come tessere di un puzzle, forniscono un quadro molto significativo delle vicende famigliari, dello stile di vita, dei rapporti umani negli anni cinquanta.

La narrazione prende le mosse dal 1949, quando il padre Giuseppe Santilli lascia l'Italia e raggiunge il Canada, dove viene accolto da una zia.

Giuseppe, come tanti connazionali, aveva sentito il bisogno e trovato dentro di sé la forza di portare la sua famiglia in un posto più confortevole, lontano dalle problematiche dell'Italia ancora malconcia per gli esiti della Seconda guerra mondiale. Dunque, egli lascia il suo paese e i suoi cari e getta le basi per una nuova vita. A distanza di quattro anni, lavorando sodo, acquista una casa tutta sua e finalmente può chiedere alla moglie Maria di raggiungerlo con le due figlie, forte di un impiego sicuro e della casa di proprietà.

Nel 1953 avviene dunque il distacco di Egizia dall'Italia insieme alla madre e alla sorella Felicia. Il racconto lascia intuire con delicatezza la dolorosa lacerazione che agita il suo cuore di bambina, divisa tra la consapevolezza di abbandonare definitivamente consuetudini, affetti consolidati, abitudini della casa famigliare, e la curiosità mista a paura per un mondo sconosciuto da conquistare, persone nuove con le quali confrontarsie un diverso modo di vivere e parlare.

A proposito del parlare, il tema dell'apprendimento della lingua inglese, che è ben noto a chiunque si sia trovato a vivere all'estero, nel libro è svolto in più capitoli talvolta anche molto gustosi nei quali si racconta delle esperienze del padre Giuseppe, molto ritroso a lanciarsi nella conversazione, e di Egizia che a dieci anni invece sente la responsabilità di imparare a comunicare subito con il mondo di Halifax a nome di tutta la sua famiglia. A tre anni dal suo arrivo, scopriamo che è diventata anche un punto di riferimento per i connazionali che aiuta nelle traduzioni e in tutte le pratiche burocratiche. Qualche anno dopo, quando ormai ha acquisito la padronanza della lingua, la troviamo impegnata nel perfezionamento della pronuncia e determinata nello sforzo di cancellare definitivamente la sua cadenza italiana. Qui si svolge una vicenda molto divertente che vede Egizia, sotto la guida della sua insegnante, affrontare la lettura in inglese della *Divina Commedia* sottoponendosi a vere e proprie torture nel tentativo di modificare il suo modo di impostare la bocca ed emettere i suoni.

Già da questo episodio emerge la determinazione, l'orgoglio, il desiderio di apprendere che saranno il marchio distintivo di tutti i componenti della famiglia Santilli.

Abbiamo visto come, al suo arrivo in Canada, il padre di Egizia fosse ospitato dai parenti. Ebbene, appena si trasferisce con la famiglia nella nuova casa al n. 326 di Almon Street, a sua volta Giuseppe apre le porte a decine di connazionali che seguono il suo stesso percorso: sono accolti dalla sua famiglia e presto si conquistano una loro casa e una vita indipendente. Si dipana così una storia di solidarietà che descrive l'accrescimento di una comunità molto unita, ottimista, allegra, ricca di bambini e di speranza.

Questa comunità di emigrati proiettati verso il futuro mantiene però un forte legame con il luogo di origine che si percepisce nell'attaccamento ad alcune tradizioni come il religioso tramandare dell'arte della cucina italiana, la creazione di orti, la vinificazione, i giochi dei bambini, il grande valore dato ai rapporti familiari e alle amicizie.

Nello sfondo c'è la città di Halifax, il suo bellissimo e importante porto, i suoi dintorni verdi, le sue case. Della città vengono ricordate anche vicende molto drammatiche, raccontate però nello stile sereno di Egizia che coglie gli aspetti positivi e gli utili insegnamenti derivati da ogni evento. Infatti, quasi tutti i racconti si concludono con una morale, con una riflessione che invita a interpretare i fatti sempre in maniera ottimistica, avendo fiducia in ogni caso nella possibilità del riscatto e del miglioramento.

~Mariapina Di Simone

FOREWORD

AFTER telling us in the first book about events and situations related to her Italian childhood, Egizia Santilli Brown, in her second book, takes us back to when her father decided to emigrate to follow his "American dream" and to seek more favorable living conditions for his children.

This volume is dedicated to Canada and Halifax, the Santilli family's adopted city. The main characters are her family—which, in the new country, is augmented by three little sisters and a little brother—and the friends and people Egizia meets in her new Canadian life.

Once again, we are introduced to short stories that could stand alone, but together, like the pieces of a puzzle, they provide a very meaningful picture of family events, lifestyle, and human relationships in the 1950s.

The narrative starts in 1949, when her father, Giuseppe Santilli, leaves Italy and reaches Canada, where he is taken in by an aunt.

Giuseppe, like so many fellow countrymen, had felt the need and found within himself the strength to take his family to a more comfortable place, away from the problems of Italy still battered by the outcomes of World War II. So, he left his country and his loved ones and laid the foundation for a new life. Four years later, working diligently, he bought a house of his own and was finally able to send for his wife, Maria, to join him with their two daughters, on the strength of secure employment and the ownership of a house.

Thus, in 1953, Egizia's departure from Italy with her mother and sister Felicia took place. The narrative delicately hints at the heartrending emotions stirring within the child, torn between the awareness of permanently abandoning customs, established affections, and habits of the family home, and curiosity mixed with fear for an unknown world to conquer, new people to deal with, and a different way of living and speaking.

With regard to speaking, the theme of learning the English language, which is well known to anyone who has found themselves living abroad, is played out in the book in several, sometimes very involved chapters recounting the experiences of her father, Joseph, who is very reluctant to launch into conversation, and of Egizia, who at the age of ten instead feels the responsibility to learn how to communicate immediately with the world of Halifax on behalf of her whole family. Within three years of her arrival, we find that she has also become the go-to person for her fellow immigrants, whom she helped with translations and all their paperwork. A few years later, after she had mastered the language, we find her busy perfecting her pronunciation and determined in her effort to erase her Italian accent for good. Here, a very amusing episode unfolds in which Egizia, under the guidance of her teacher, tackles the reading of the *Divine Comedy* in English by subjecting herself to real torture in an attempt to change the way she sets her mouth and makes sounds.

Already, the determination, pride, and desire to learn that will be the hallmark of all the members of the Santilli family emerge from this episode.

Upon his arrival in Canada, Egizia's father was hosted by his relatives, as we previously learned. Well, as soon as he moved into his new home with his family at No. 326 Almon Street, Joseph, in turn, opened the doors to dozens of compatriots who followed the same path as he had: they were taken in by his family and soon acquired their own homes and independent lives. Thus unfolds a story of solidarity that describes the growth of a close-knit, optimistic, and cheerful community full of children and hope.

However, this community of immigrants headed toward the future maintained a strong bond with their place of origin, holding onto certain traditions such as the religious handing down of the art of Italian cooking, the creation of vegetable gardens, winemaking, beloved children's games, and the great value ascribed to family relationships and friendships.

In the background is the city of Halifax, its beautiful and important harbor, its verdant surroundings, and its houses. Very dramatic events are also recalled about the city, told, however, in the serene style of Egizia, who captures the positive aspects and useful lessons derived from each event. In fact, almost every story ends with a moral, with a reflection that invites one to always interpret the events in an optimistic way, having faith in every case in the possibility of redemption and improvement.

~Mariapina Di Simone

⋙ 1. MIO PADRE VA ALL'ESTERO ⋘

MIA zia Rocca viveva con la sua famiglia a Sydney, Cape Breton, Nuova Scozia, Canada. Era stata lei a fare la richiesta di immigrazione per mio padre affinché la raggiungesse a Sydney. La data dell'imbarco era stata fissata per il 15 aprile del 1949 da Napoli. Prima di partire mio padre doveva però passare per Roma per **ottenere** il visto dal **Consolato** canadese, così decise di portare anche mia madre, mia sorella e me a visitare Roma. Ci portò a vedere la Basilica di San Pietro in Vaticano di cui conservo una foto scattata proprio sulla **cima** della cupola.

Papà ad Hamilton, Ontario, in cerca di lavoro. / Papa in Hamilton. Ontario, walking in search of work.

È stato quel giorno che ho assaggiato per la prima volta una banana. Avevo visto in un libro la foto di una **scimmia** che ne stava mangiando una. La **buccia** era piegata attorno al frutto, mentre la scimmia mangiava l'interno. Papà comprò una banana e la divise in quattro, quel frutto mai mangiato prima ci **piacque** molto.

Poco dopo arrivò aprile e mio padre si imbarcò per il Canada. Dopo due settimane, **giunse** ad Halifax e da lì prese un treno per arrivare a casa di mia zia, a Sydney. Non aveva mai viaggiato in treno così osservava con meraviglia le persone camminare lungo il corridoio **ondeggiando** come fossero **ubriachi**, ma quando anche lui andò in bagno, si rese conto di avere la stessa **andatura** da ubriaco perché il treno lo faceva camminare **storto**. Fu sollevato nel capire di non essere circondato da ubriachi. Meno male.

Quando mio padre arrivò a Sydney, zia Rocca e suo marito Venanzio, gli vennero incontro. Mio zio Venanzio, che era un **barbiere** e conosceva tutti nel paese, per permettere a mio padre di ottenere il permesso di soggiorno aveva dovuto dichiarare che mio padre era in grado di lavorare in una fattoria dove allevavano **mucche** e che lo avrebbe fatto per due anni. Papà non aveva mai **munto** le mucche ma imparò velocemente perché doveva farlo due volte al giorno. Dopo due anni, lasciò la fattoria, dove nel frattempo avevano acquistato delle **mungitrici** automatiche.

Mio padre aveva lavorato come **scalpellino** e **muratore** in Italia, quindi si spostò a Hamilton, in Ontario, per cercare un'occupazione annuale più adeguata alle sue competenze. Da lì scriveva alla mamma raccontandole come andava il lavoro, e la mamma gli mandava le nostre foto per fargli vedere quanto stavamo crescendo bene.

Dopo tre anni di lontananza dalla sua famiglia e non riuscendo a trovare un lavoro adeguato, mio padre decise di tornarsene in Italia. Quindi si recò a casa della zia che adesso abitava ad Halifax. Si era trasferita lì alla morte del marito per stare più vicina alla figlia Maria, che insegnava alla Ardmore School, e a suo figlio Enrico che studiava per diventare medico all'Università di Dalhousie. Zia Rocca aveva comprato una casa a Kline Street dove abitava con tutta la famiglia. Quando Enrico sentì che mio padre voleva ritornare in Italia, gli chiese di aspettare perché lui poteva trovargli un lavoro annuale da muratore. Enrico, infatti, frequentava l'Università con il figlio del **titolare** dell'Oland's Brewery che era un suo buon amico. Lo chiamò subito e gli chiese se ci fosse nella loro azienda un posto per suo cugino, e il giorno dopo mio padre cominciò la sua nuova attività.

Nel birrificio mio padre lavorava come scalpellino, riparava la muratura e costruiva strutture per i nuovi macchinari. Altrimenti lavorava con il cartone per realizzare scatole per trasportare le bottiglie di birra. Inoltre, eseguiva lavori di muratura per tutta la famiglia di Oland. Mio padre era molto orgoglioso dei suoi manufatti e delle riparazioni che eseguiva e infatti ci portava spesso a vedere i suoi lavori una volta **ultimati**.

Nel 1975 all'età di 65 anni andò **in pensione** dalla Olands. Tutta la mia famiglia è stata grata a Enrico che aveva permesso a mio padre di svolgere il lavoro giusto per lui. Di tutta la sua attività ancora possiamo vedere testimonianze in pietra e in **mattoni** nelle costruzioni dove ha lavorato. Ora che non c'è più, ci piace condurre i nostri figli e nipoti in questi edifici e mostrare loro i lavori che hanno consentito a mio padre di portarci in Canada.

❖ MY FATHER GOES ABROAD ❖

MY Aunt Rocca lived with her family in Sydney, Cape Breton, Nova Scotia, Canada. It was she who filed the document for my father to immigrate to Sydney. The embarkation date was set for 15 April 1949, from Naples. Before leaving, my father, however, had to stop in Rome to obtain a visa from the Canadian Consulate, so he decided to bring my mother, my sister, and me to visit Rome. He took us to see Saint Peter's Basilica at the Vatican, where a photo taken from the top of the cupola remains in my possession.

It was that day that I tasted a banana for the first time. I had seen a photo in a book of a monkey that had been eating one. The skin was folded around the fruit while the monkey ate the inside. Dad bought a banana and divided it into four. We all loved that fruit that we had never eaten before.

A little while later, April arrived, and my father embarked for Canada. He reached Halifax two weeks later, and from there he took the train to my aunt's house in Sydney. He had never traveled by train before, so he looked with amazement at the people walking along the corridor swaying from side to side as if they were drunk. But when he went into the bathroom, he realized that he had the same drunken countenance because the train caused him to walk crookedly. He was relieved to know that he was not surrounded by drunks. Thank goodness.

When my father arrived in Sydney, Aunt Rocca and her husband Venanzio came to meet him. In order to obtain permission to allow my father to stay, my uncle Venanzio, who was a barber and knew everyone in town, had to ask if my father was capable of working at a farm where they raised dairy cows and staying there for two years. Dad had never milked cows, but he learned quickly because he had to do it twice a day. After two years he left the farm, where, in the meantime, they had acquired automatic milking machines.

My father had worked as a stonemason and bricklayer in Italy; hence, he moved to Hamilton, Ontario, to find year-round work commensurate with his competence. From there, he wrote to my mother to tell her how work was going, and Mom sent him our photos to show him how well we were growing up.

After three years away from his family, and not succeeding in finding adequate work, my father decided to return to Italy. So, he returned to the house of my aunt, who was now living in Halifax. She had moved there after the death of her husband to be close to her daughter, Maria, who was teaching at the Ardmore School, and her son, Henry, who was studying to become a doctor at the University of Dalhousie. Aunt Rocca had purchased a house on Kline Street where she lived with the whole family. When Henry heard that my father wanted to return to Italy, he asked him to wait because he could find him a year-round job as a bricklayer. In fact, Henry attended the university with the son of the owner of Oland's Brewery, who was one of his close friends. He called immediately and asked him if they had a job for his cousin, and the next day my father started his new job.

In the brewery, my father worked as a stonemason, repairing the walls and building structures for new machinery. He worked with cardboard as well, making cartons to transport bottles of beer. In addition, he performed work as a stonemason for all the families of Oland. My father was very proud of his creations and his repairs; in fact, he often took us to see his completed works.

In 1975, at the age of 65, he retired from Oland's. All of my family was grateful to Henry, who had enabled my father to work in his field of expertise. It's still possible to see all of his testimonials in the stone and brick constructions where he worked. Now that he's not here anymore, I like to bring our children and grandchildren to these buildings and show them the work that enabled my father to bring us to Canada.

VOCABOLARIO
Mio padre va all'estero

altrimenti: otherwise
andatura: gait
barbiere: barber
birrificio: brewery
buccia: peel
cima: top
Consolato: Consulate
dichiarazione: declaration; document
giunse: arrived
in pensione: retired
marciapiedi: sidewalks
mattoni: bricks
mucche: cows
mungere: to milk
mungitrice: milkers
muratore: bricklayer
scimmia: monkey
ondeggiando: swaying
ottenere: to obtain
piacque: pleased
sbarcò: disembark
scalpellino: stonemason
spostamento: move
storto: crooked
ubriaco: drunk
ultimati: completed
titolare: owner

❧ 2. ALICE INSEGNANTE DI PAPÀ ❧

Quando mio padre Joe viveva in casa di zia Rocca ad Halifax, incontrava ogni mattina una vicina di nome Alice.

Alice lo aspettava sempre. Se mio padre usciva presto, lei usciva presto. Se mio padre **tardava** usciva tardi anche lei. Ogni mattina Alice lo salutava dicendo "Good morning, Joe," mio padre rispondeva, "Good morning, Alice" poi gli domandava, "What time is it, Joe?" e Joe pronto rispondeva, "It is 8 o'clock, Alice".

Questa conversazione continuò per alcuni giorni. Così una mattina Alice domandò, "How are you, Joe?" e mio padre, "It is 8 o'clock,

---

Alice, la vicina che salutava papà ogni mattina e lo aiutava a imparare l'inglese / Alice, the neighbor who greeted Papa every morning and helped him learn English

Alice." Alla sera, Mary, la figlia di zia Rocca, insegnò a mio padre la risposta **giusta,** "I am fine, and you?", perché Alice l'aveva chiamata per dirle quale fosse la nuova domanda. Joe **ormai** doveva ascoltare bene ogni mattina prima di rispondere perché Alice lo **sollecitava** con frasi diverse e lui doveva **sforzarsi** di capire. "What day is today?", quando arrivò questa **richiesta** Joe decise di uscire dalla porta sul retro ma la zia e Mary glielo impedirono. Alice continuò questo rito **mattutino** finché mio padre fu in grado di capire le sue domande e rispondere correttamente.

Nell'inverno Alice gli insegnava, "There is a lot of snow," italiano: "C'è molta neve," e poi gli domandava, "Do you like snow?" Joe rispondeva sempre con "Yes," se avesse detto "No," avrebbe dovuto spiegarne il motivo; quindi, cominciò a rispondere "Yes" a qualunque domanda per non dover parlare molto.

Alice aveva un cane. Molte volte lo portava fuori affinché Joe potesse giocare con il cane e parlare con lei. Una mattina aveva **preso in prestito** una **tartaruga** e mio padre dovette imparare, "The tortoise hides in her shell"; in italiano, "La tartaruga si **ripara** nel suo **guscio**."

La festa di Natal Day, il primo di luglio, c'erano stati dei **fuochi d'artificio** davvero spettacolari. Alice voleva sapere se Joe avesse mai visto uno spettacolo così bello. Allora, mio padre fu costretto a rispondere usando molte parole. Ricordò che aveva visto molti **spettacoli pirotecnici, anzi** aveva portato camion pieni di fuochi artificiali nelle località in cui si festeggiava, ma aveva visto anche molti **operai** perdere le dita in quel lavoro; quindi, non voleva avere niente a che fare con quel tipo di cose.

Alice continuò a lungo a fare domande a Joe, in modo che imparasse bene la lingua. Finalmente dopo una pioggia mio padre andò da Alice e parlando per primo disse, "The rainbow is beautiful. "L'**arcobaleno** è bello" e "Your flowers are beautiful too." "Anche i tuoi fiori sono belli."

Quando mio padre comprò la casa, Alice non era ormai più la sua maestra ma una buona amica per tutta la famiglia. Lei lavorava alla Royal Bank del Canada e noi ci **rivolgevamo** sempre a lei quando dovevamo aprire un conto, **riscuotere** un **assegno, prelevare** o **depositare** dei soldi. È sempre venuta alle nostre feste, è stata un grande aiuto per noi in tante circostanze e per questo l'abbiamo amata molto. Era proprio una brava persona!

⁂ ALICE, MY FATHER'S TEACHER ⁂

WHEN my father, Joe, was living in Aunt Rocca's house in Halifax, he met a neighbor named Alice every morning. Alice always waited for him. If my father went out early, she went out early. If my father was late, Alice would also be late. Every morning Alice greeted him, "Good Morning, Joe," and my father responded, "Good morning, Alice," and then she asked him, "What time is it, Joe?" and Joe quickly responded, "It's 8 o'clock, Alice."

This conversation continued for several days. So, one morning, Alice asked, "How are you, Joe?" and my father responded, "It's 8 o'clock, Alice." In the evening, Mary, Aunt Rocca's daughter, taught my father the correct answer: "I am fine, and you?" because Alice had called her to tell her what the new question was. At this point, Joe needed to listen well every morning before responding, because Alice challenged him with different phrases, and he had to strive to understand. "What day is today?" When this request arose, Joe decided to go out the back door, but Mary and his aunt stopped him. Alice continued this ritual every day until my father was able to understand her questions and respond correctly.

In the wintertime, Alice taught him, "There is a lot of snow." In Italian: "C'è molta neve." Then she asked him, "Do you like snow?" Joe always answered, "Yes." If he had said, "No," he would have had to explain why. Therefore, he always responded "Yes" to some questions so that he wouldn't have to say much.

Alice had a dog. She often took it outside so that Joe could play with the dog and talk to her. One morning she had borrowed a turtle, and my father had to learn, "The tortoise hides in her shell." In Italian: "La tartaruga si ripara nel suo guscio."

On the day of the celebration of Natal Day of Halifax, July 1, there were really spectacular fireworks. Alice wanted to know whether Joe had ever seen such a beautiful spectacle. So then, my father had to respond using many words. On the contrary, he remembered that he had seen many fireworks displays. He had brought a truck filled with fireworks to the area where they were celebrating, but he had also seen many workers losing their fingers in that work. Therefore, he didn't want to have anything to do with that type of thing.

Alice continued at length to ask questions of Joe in a way that he would learn the language well. Finally, after a rainfall, my father went to Alice, speaking first, he said, "The rainbow is beautiful," and "Your flowers are beautiful too."

When my father bought the house, Alice was no longer his teacher, but a good friend for the whole family. She worked at The Royal Bank of Canada, and, when we went to the bank, we always went to her when we needed to open an account, cash a check, or make a deposit or withdrawal. She always came to our celebrations. She was a huge help to us in so many situations, and for this we loved her dearly. She was really a wonderful person.

VOCABOLARIO
Alice insegnante di papà

anzi: on the contrary
arcobaleno: rainbow
assegno: check
fuochi d'artificio: fireworks
guscio: shell
impiegata: worker
mattutino: morning routine
operai: workers
ormai: at this point
prelevare: to withdraw
preso in prestito: borrowed
richiesta: request
ripara: hides
riscuotere: to cash
rivolgevamo: to call on
sforzarsi: to strive
sollecitava: he urged
spettacolo pirotecnico: fireworks show
tardava: It was late.
tartaruga: tortoise

⋆⟫ 3. ENRICO PRESUTTI ⟪⋆

ENRICO era il figlio di Rocca, sorella di mia nonna Egizia. Dunque, eravamo cugini in secondo grado. Quando siamo arrivati ad Halifax, **egli** è stato per noi un vero **angelo custode**. Molto spesso andavamo a cena a casa sua. La **serata** si concludeva con dei **giochi.** Uno caratteristico del nostro Abruzzo era **Vola Vola**. Ci si metteva in cerchio con gli indici delle mani vicini. Uno di noi, quasi sempre Enrico, chiamava il nome di un animale. Se si trattava di un animale in grado di volare, si dovevano alzare le dita; al contrario, bisognava rimanere fermi. Enrico, che conduceva il gioco, alzava il suo indice sempre per **indurci** a **sbagliare.** Quando usava nomi italiani per me era semplice

---

Enrico gioca a Fly Fly con Felicia ed Egizia. / Enrico plays Vola Vola with Felicia and Egizia.

ma quando si esprimeva in inglese, io tiravo a indovinare e . . . **sbagliavo** quasi sempre. Così Enrico mi tirava l'orecchio. Giocavamo anche a **morra*** e io dovevo indovinare il numero delle dita mostrate. Se non ci riuscivo, al solito . . . mi tirava l'orecchio finché non indovinavo il numero giusto. Per essere più fortunata io mostravo sempre il pugno chiuso uguale a zero. Altre volte ci chiedeva di dividere un foglio in quattro **riquadri**, Enrico lo **piegava** a sua volta e **bagnava** con la saliva le pieghe all'interno. Poiché le pieghe erano umide, ci dimostrava che si potevano dividere in quattro più facilmente. Anche adesso qualche volta faccio questa operazione quando non ho voglia di cercare le **forbici**.

Enrico terminò i suoi studi di medicina, si sposò e nel 1956 si trasferì a Brighton, Ontario, in una nuova clinica. Zia Rocca e sua figlia Maria lo seguirono poco dopo nel 1957.

Prima di partire Enrico mi insegnò a fare la **dichiarazione dei redditi**, e altre cose utili per la **gestione** della casa.

Frequentavo la settima classe e fui in grado di cominciare a compilare la dichiarazione dei redditi per mio padre, parenti e conoscenti. Ho continuato a farlo fino al 1967, senza percepire alcun pagamento perché lo facevo per amicizia. Poiché ero la più grande di tutti i ragazzi pratolani ero diventata per i nostri **compaesani** un punto di riferimento importante, tutti venivano a casa nostra quando avevano domande o fogli da tradurre e io sentivo che era mio dovere aiutarli.

Morra:* Gioco in cui i due giocatori **abbassano simultaneamente il **pugno** mostrando alcune dita e gridando un numero; vince chi grida il numero che equivale alla somma delle dita mostrate.

⇨ HENRY PRESUTTI ⇦

HENRY was Rocca's son, who was the sister of my grandmother, Egizia; therefore, we were second cousins. When we arrived in Halifax, he was, for us, a real guardian angel. We would often go to his house for dinner. The evening would end with games; one, specific to our Abruzzo, was Fly Fly. We stood in a circle with our index fingers near each other. One of us, almost always Henry, called out the name of an animal. If it was an animal who could fly, we had to raise our finger; otherwise, our fingers stayed still. Henry, who led the game, always raised his finger to try to get us to make a mistake. When he used Italian names, it was easy for me, but when he said it in English, I tried to guess and . . . I was almost always wrong. So, then Henry would pull on my ear. We also played *morra** and I had to guess the number of fingers that were shown. If I didn't succeed, usually . . . he would pull my ear until I guessed the correct number. To be luckier, I would show a closed fist, which equaled zero. Other times, he asked us to divide a piece of paper into four quarters. Henry folded it once and then wet the inner folds with his saliva. Because the folds were wet, he showed us that it could be divided more easily into four. Even today, I sometimes use this technique when I don't want to look for scissors.

Henry finished his medical studies, got married in 1956, and moved to a new clinic in Brighton, Ontario. Aunt Rocca and her daughter, Maria, followed him a little later in 1957.

Before leaving, Henry taught me how to do tax returns and other useful things to take care of the house.

I was in seventh grade, and I was ready to begin to do the tax returns for my father, my relatives and our friends. I continued to do them until 1967 without receiving any payment because I did it out of friendship. Because I was the oldest of all the kids from Pratola, I became the go-to person for all of our compatriots. They would all come to our house when they had questions or papers to translate, and I felt that it was my duty to help them.

*Morra: A game in which two players throw down their fists simultaneously, then show some or no fingers and yell a number. The winner is the one who shouts the number that matches the sum of the fingers shown.

VOCABOLARIO
Enrico Presutti

abbassano: they lower
angelo custode: guardian angel
bagnava: wet; moist
compaesani: countrymen
conoscenti: acquaintances
dichiarazione dei redditi: income tax
egli: he (literary)

forbici: scissors
gestione: workings
giochi: games
indovinare: to guess
indurci: to induce
morra: a game
percepire: to receive
piegava: folded

porre: to put
pugno: fist
riquadri: squares
sbagliare, sbagliavo: to make a mistake
serata: evening
Vola Vola: Fly Fly

❧ 4. GLI ANGELI DEL MOLO 21 ☙

ARRIVANDO al Molo 21 del Porto di Halifax, mia madre, io e mia sorella Felicia abbiamo iniziato il processo di ingresso nel nostro nuovo Paese, il Canada.

Avevo lasciato Pratola Peligna nell'aprile del 1953 quando avevo dieci anni e ora era **giunto** finalmente il momento di raggiungere mio padre che da quattro anni era emigrato, aveva trovato lavoro e aveva comprato una casa in cui vivere tutti insieme.

Il **pensiero** di lasciare l'Italia era stato però spaventoso per me. Ricordavo poco mio padre e invece c'erano così tante persone che mi sarebbero sicuramente mancate: i genitori di mio padre con cui avevo vissuto tutta la mia vita, nonno Giovanni che mi avvolgeva con il suo **mantello** e nonna Egizia che mi insegnava a fare la pasta con la **chitarra**; i genitori di mia madre, nonno Salvatore che giocava a **nascondino** con me e nonna Giuseppa che mi insegnava a tessere sul suo telaio. Abitavano tutti a dieci minuti a piedi dalla nostra casa. Lasciavo anche tante zie e zii, i compagni di classe, gli amici e i vicini.

Egizia indica la targa che ricorda l'arrivo della sua famiglia in Canada. /
Egizia points out the plaque acknowledging her family's arrival in Canada.

Mi sarebbe mancata anche Pratola: la casa, gli orti e i vigneti in campagna; il corso che collegava le due piazze dove io e i miei amici passeggiavamo la sera; la festa della Madonna della Libera con processioni e spettacoli e divertenti attività; la festa della Vendemmia; il mercato del sabato con il teatro di Pulcinella. Ero lacerata dalle preoccupazioni per la vita che ci aspettava in un Paese sconosciuto. Di mio padre avevo solo le immagini nelle foto che mandava a mia madre dal Canada. Avevo paura di imparare una nuova lingua, l'inglese. Mi piaceva la mia scuola a Pratola, mi chiedevo se mi sarei trovata **altrettanto** bene ad Halifax. Avrei trovato una veranda nella nostra nuova casa dove io e i miei nuovi amici avremmo potuto giocare con le biglie e i bottoni?

Mio zio Vincenzo, fratello di mio padre, e la sua famiglia ci salutarono a Napoli dove ci imbarcammo sul transatlantico greco Nea Hellas. Ero molto triste mentre li guardavo **sporgendomi** dal ponte della nave che si allontanava dal porto, mio zio ci era stato molto vicino nei quattro anni di assenza di mio padre.

Le acque del Mediterraneo furono calme per tre giorni, ma quando entrammo nell'Oceano Atlantico, le onde diventarono molto agitate e la nave cominciò a oscillare **paurosamente**. Il viaggio continuò così per nove lunghi giorni.

Il transatlantico greco portava moltissime persone ma io e mia sorella non incontrammo nessuno perché avevamo il **mal di mare** e dovemmo rimanere a letto per tutto il tempo. Mia madre arrivò **addirittura** a chiedersi se ci avrebbero permesso di entrare in Canada così pallide e dimagrite.

Approdammo alla fine al Molo 21 del Porto di Halifax dove passammo, fortunatamente senza problemi, il posto di controllo per l'immigrazione. Questo Molo Ventuno costituiva l'ingresso attraverso il quale dovevano entrare tutti gli immigrati. Era un enorme **labirinto**. Una volta sbarcate seguimmo lunghe file che si muovevano verso l'area bagagli. Anche lì non trovammo impedimenti dal momento che tutto il cibo vietato che ci eravamo portate dall'Italia, salumi, prosciutto e frutta, lo avevamo mangiato durante il viaggio, **poiché** i piatti greci e il **budino** di tapioca serviti sulla nave non ci erano piaciuti affatto.

Prima che riuscissimo a incontrare nostro padre, una suora venne a parlarci e ci assicurò che potevamo contare sull'aiuto delle "Sisters of Service" che si dedicavano alla cura degli immigrati. Aveva una grande borsa della spesa e quando infilò una mano dentro tirò fuori due bambole per me e mia sorella. Le bambole aprivano e chiudevano gli occhi. Ricevere questo dono mi fece venire le lacrime agli occhi perché avevo lasciato la mia unica bambola alla cugina di Napoli che aveva la mia età. Inoltre, il gesto mi convinse a iniziare ad apprezzare il Canada.

Le Sisters of Service, veri e propri angeli, erano le uniche persone ammesse a bordo della nave per parlare con gli immigrati e dare loro il benvenuto. Una di loro, suor Leota, rimase con noi anche quando **sbarcammo** e ci aiutò nelle pratiche da svolgere per essere ammesse in Canada; parlava italiano ed era molto contenta di prestarci il suo angelico aiuto. Dopo aver passato la **dogana** ci condusse nel posto dove mio padre ci aspettava. Il suo compito non finì lì perché in seguito venne di tanto in tanto a trovarci nella nostra casa per accertarsi che tutto procedesse per il meglio.

A Natale le Sisters of Service organizzavano una festa annuale per tutti i bambini immigrati. In quelle occasioni ci davano la possibilità di incontrare bambini **provenienti** da diversi paesi che parlavano lingue diverse ma che a poco a poco, di anno in anno, si esprimevano in perfetto inglese. Tutti indossavamo i nostri abiti migliori e le suore ci facevano sentire molto importanti. Conoscevamo nuovi giochi e mangiavamo panini che erano tanto **golosi**. Dopo aver cantato alcune canzoni in inglese, ricevevamo un regalo dalle suore.

Tutti apprezzavano ciò che le suore facevano per noi, loro erano la nostra risorsa e ci aiutavano a superare ogni ostacolo. Si occupavano perfino di trovare un lavoro per **coloro** che non sapevano da dove cominciare in questa **impresa**. Le prime occupazioni che si potevano **reperire** erano come lavoratori domestici, cuochi, aiutanti nelle lavanderie, o **addetti** a lavori di sartoria nei negozi di abbigliamento.

Le suore erano sempre disposte ad aiutare e si prendevano cura profondamente di noi. **Soccorrevano** tutti e **fornivano** grande consolazione senza percepire alcun compenso.

Quando i nuovi immigrati iniziarono ad arrivare in aereo e il Molo 21 non fu più utilizzato, i nostri angeli partirono per andare a **svolgere** il loro servizio di assistenza **altrove**. Allora tutta la comunità si mosse e organizzò una grande **festa d'addio** per le suore. In quell'occasione fu anche raccolto del denaro che loro poterono utilizzare nella nuova destinazione. Le suore furono molto felici di rivedere per un'ultima volta tutte le famiglie di cui si erano occupate.

In anni recenti il Molo 21 è stato trasformato in Museo dell'immigrazione in Canada. Ospita numerose fotografie, video, e ricordi di tutte le persone che sono passate di lì. Io ho ritrovato le immagini della nave che ci ha portato in Canada; tra le registrazioni delle canzoni degli immigrati, ho potuto riascoltare la voce di mia madre che canta *Campagnola Bella*; nell'ingresso del museo, dove sono affisse le **targhe** con i nomi delle persone che sono transitate sul molo, si può vedere quella che porta i nomi di *Giuseppe, Maria, Egizia, e Felicia Santilli*.

Ma tra tutti i ricordi legati all'arrivo al Porto di Halifax, quello che mi rende veramente felice è l'incontro con quei meravigliosi angeli che furono per noi le Sisters of Service.

⁕ THE ANGELS OF PIER 21 ⁕

Arriving at Pier 21 in Halifax, my mother, my sister, Felicia, and I began the process of entering our new country, Canada.

We left Pratola Peligna in April of 1953 when I was ten years old, and now the time had finally come to join my father, who had emigrated four years ago and had found work and purchased a house in which everyone could live together.

But the thought of leaving Italy was scary for me. I remembered little of my father, and instead, there were so many people who I would surely miss: my father's parents with whom I had lived all of my life, Nonno Giovanni, who wrapped me in his cloak, and Nonna Egizia, who taught me to make pasta with a "guitar"; the parents of my mother, Nonno Salvatore, who played hide and seek with me, and Nonna Giuseppa, who taught me how to weave on her loom. They lived a ten-minute walk from our home. I also left so many aunts and uncles, classmates and my friends in the neighborhood. I would also miss Pratola: the house, the vegetable gardens and the vineyards in the countryside; the main street that linked the two piazzas where my friends and I walked in the evening; celebration of the Madonna of Liberty with processions and performances and enjoyable activities; the festival of the grape harvest, and the Saturday market with the Pulcinella theater. I was riddled with worries about the life that awaited me in a foreign country. As for my father, I had only the images in the photos that he sent to my mother from Canada. I was afraid to learn a new language, English. I liked my school in Pratola. I asked myself if I would find a school as good in Halifax. Would there be a porch on my new house where I could play marbles and buttons with my new friends?

My uncle Vincent, my father's brother, and his family waved goodbye to us in Naples where we embarked on the Greek transatlantic ship, Nea Hellas. I was very sad while I was leaning on the bridge of the ship, watching him as the ship got farther and farther from the port. We were very close to my uncle during the four-year absence of my father.

The waters of the Mediterranean were calm for three days, but when we entered the Atlantic Ocean, the waves became turbulent, and the ship began to rock fearfully. The voyage continued in this manner for nine long days.

The Greek transatlantic ship transported many, many people, but my sister and I didn't meet anyone because we were both seasick, and we had to remain in bed for the entire time. My mother even went so far as to ask herself if we would be granted permission to enter Canada because we were so pale and had lost so much weight.

We finally landed at Pier 21 in the port of Halifax, where, fortunately, we passed through the immigration checkpoint without any problems. This Pier 21 was the entrance through which all of the immigrants had to enter. It was an enormous labyrinth. Once we disembarked, we followed long lines moving towards the baggage area. There, as well, we weren't stopped for even a moment, because we had already eaten all of the forbidden food that we had brought from Italy: cured meats, prosciutto and fruit. We had eaten it during the trip, because we didn't like the Greek food and, in fact, we didn't even like the tapioca pudding that was served on the ship.

Before we succeeded in reaching our father, a sister came to talk to us and she assured us that we could count on the help of the "Sisters of Service," who were dedicated to taking care of the immigrants. She had a large grocery bag, and when she put her hand inside, she pulled out two dolls for my sister and me. The dolls opened and closed their eyes. Receiving this gift brought tears to my eyes because I had left my similar doll with my cousin in Naples, who was the same age as I was.

In short, that gesture was the beginning of my appreciation of Canada.

The Sisters of Service, real and true angels, were the only people allowed to board the ship to speak with the immigrants and welcome them. One of them, Sister Leota, remained with us even when we disembarked and helped us fill out the forms that we needed in order to be admitted into Canada; she spoke Italian and she was very happy to give us her angelic help. After going through customs, she led us to the place where my father awaited us. Her mission didn't end there because following that she came from time to time to visit us to ascertain that everything was going well.

At Christmas the Sisters of Service organized an annual celebration for all of the immigrant children. These occasions enabled us to meet other children from different countries who spoke different languages, but little by little, from year to year, they were able to speak perfect English. We all wore our best clothes, and the sisters made us feel very important. We learned new games and ate sandwiches that were very delicious. After we sang many songs in English, we received a gift from the sisters.

Everyone appreciated what the sisters did for us, they were our resource and helped us overcome every obstacle. They even found work for those people who had no idea how to begin this process. The main occupations that they could find were as housekeepers, cooks, laundry workers, and working in tailor shops if they possessed those skills.

The sisters were always available to help, and they took profound care of us. They helped everybody, and they gave us a great sense of well-being without wanting to be compensated.

When Pier 21 was no longer used, and new immigrants started to arrive by plane, our angels departed to carry out their services elsewhere. The whole community got together to organize a grand farewell party for the sisters. During this occasion, a collection was taken for the sisters to use at their new destination. The sisters were very happy to see the families whom they had been involved with for the last time.

In recent years, Pier 21 has been transformed into the Immigration Museum of Canada. It houses numerous photos, videos and records of all of the people who passed through there. I found images of the ship that brought me to Canada; among the recordings of the songs of the immigrants, I was able to recognize the voice of my mother, who sang "Campagnola Bella," Beautiful Farm Girl. In the entrance of the museum, where there are plaques with the names of the people who went through the pier, you can see the one with the names of Giuseppe, Maria, Egizia and Felicia Santilli.

But among all of the memories connected with our arrival at the Port of Halifax, the one which makes me truly happy is meeting the Sisters of Service, who were wonderful angels for us.

VOCABOLARIO
Gli angeli del Molo 21

addetti: employees
addirittura: really
altrettanto: likewise
altrove: somewhere else
approdammo: landed
budino: pudding
chitarra: a stringed device for cutting pasta
coloro: those
dogana: customs
festa d'addio: farewell party
fornivano: provided
giunto: joined
golosi: delicious
impresa: venture

labirinto: maze
mal di mare: seasickness
mantello: cape
nascondino: hide and seek
paurosamente: fearfully
pensiero: thought
poiché: as long as
provenienti: from
reperire: to find
sbarcammo: we disembarked
soccorrevano: helped
spostate: move
sporgendomi: moving away
svolgere: carry out
targhe: placques

❥ 5. BOTTILAMILK ❦

NEL 1952 mio padre comprò una casa ad Halifax al n. 326 Almond Street, Nuova Scozia, Canada, perché ad aprile dell'anno successivo lo avremmo raggiunto noi, mia madre, Felicia e io, la sua famiglia. Con l'aiuto del cugino Enrico, papà scelse una casa vicino ai suoi parenti, Enrico e sua madre, zia Rocca Presutti. Era un gruppo di case **prefabbricate** che non avevano isolamento termico nelle mura perché all'origine erano destinate a località più calde. Pertanto, dovemmo affrontare tantissimi lavori e **ingenti spese** per adattare il nostro fabbricato al clima canadese. Mio padre era muratore, quindi non si spaventò per il lavoro ma ogni volta che qualcuno suonava al nostro campanello diceva **scherzosamente** che sentiva il tintinnare dei suoi novemila dollari, tanto era costata la nostra casa. Dopo i lavori più urgenti e con l'aiuto di tutta la famiglia, la casa fu completata con un nuovo marciapiede, un recinto di legno bianco intorno al cortile

Egizia ha ricevuto aiuto da molte fonti per ampliare il suo vocabolario inglese, tra cui il proprietario del negozio di alimentari locale / Egizia had help increasing her English vocabulary from many sources, including the local grocer.

anteriore e infine con un ampio garage a **blocchi** di cemento che mio padre si **costruì** tutto da solo.

Al piano di sopra della nostra casa abitava la famiglia D'Entremont. Spesso la signora Phyllis veniva da noi per chiederci qualcosa che le mancava. Una volta venne con un **foglio** dove era scritto "onion." Nessuno di noi sapeva cosa significasse quella parola e fummo costretti a chiamare il cugino Enrico che alla mia domanda "Che cos'è o-ne-e-on?" rispose ridendo forte che si trattava di una **cipolla**.

Andavo sempre io a comprare il latte in un negozio che distava **sei isolati**. Per tutto il **percorso** mi ripetevo "bottilamilk, bottilamilk, bottilamilk…" Finì che il negozio fu sempre chiamato da tutti bottilamilk e ancora oggi ai miei parenti piace di chiamarlo così ricordando le mie **prodezze** di bambina appena arrivata in Canada. Il vero nome era ed è ancora Mansours.

Sempre ripensando a quelle prime esperienze e alla fatica di farsi capire, mi viene in mente che dovendo comprare dei **fiammiferi**, mia madre mi fece portare al famoso bottilamilk un fiammifero **spento** recuperato dalla **pattumiera**. Quando entrai nel negozio, il proprietario mi accolse con un bel sorriso perché sapeva che mi **occorreva** qualcosa ed era proprio curioso di capire cosa. Dopo ogni nuovo acquisto tornavo a casa tutta contenta e sempre **saltellando**.

✢ BOTTILAMILK ✢

IN 1952 Dad bought a house at 326 Almon Street, in Halifax, Nova Scotia, Canada, because in April of the following year his family, Mom, Felicia and I, were coming from Italy. With the help of his cousin, Dad selected a house near that of his cousin Henry and Henry's mother, Aunt Rocca Presutti. There was a group of prefabricated homes that had no insulation in the walls because they had originally been destined for a warmer location. As a result, we had to confront a ton of work at a huge expense to adapt our house to the Canadian climate. My father was a stonemason. Therefore, he wasn't afraid of the work, but every time that someone rang our doorbell, he would jokingly say that he was hearing tinkling of nine thousand dollars.

That was how much our house had cost. After the most urgent work, and with the help of all of the family, the house was completed with a new sidewalk, a white fence surrounding the front yard, and even a large garage made of cinder blocks that my father constructed all by himself.

The D'Entremont family lived on the top floor of our house. Phyllis often came to ask us about something that she needed. Once she came with a piece of paper that had "onion" written on it. None of us knew the meaning of that word and we had to call my cousin Henry, who, when I asked, "What is an o-née-on?" laughed heartily and responded that it was an onion.

I often went to buy milk in a store that was six blocks away. The whole way I repeated to myself "bottilamilk, bottilamilk, bottilamilk . . ." In the end, everybody knew that store by "bottilamilk," and still today my relatives like to call it that, remembering my childhood exploits shortly after my arrival in Canada. The real name was and is still "Mansours."

Looking back on those first experiences, and at the effort to be understood, I am reminded of when I had to buy matches, and my mother made me bring a spent match found in the trash to the famous "bottilamilk." When I entered the store, the proprietor greeted me with a big smile because he knew that I needed something, and he was really curious to learn what. Always, after every new acquisition, I returned home skipping happily.

VOCABOLARIO
Bottilamilk

blocchi: cement blocks
costruì: built or constructed
cipolla: onion
fiammiferi: matches
foglio: sheet of paper
ingenti spese: huge expenses
isolamento termico: insulation
occorreva: he needed

pattumiera: trash
pertanto: as a result
prefabbricato: prefabricated
prodezze: exploits
saltellando: skipping
scherzosamente: jokingly
sei isolati: six blocks
spento: burned out

❖ 6. LEZIONE DI CUCINA CON GIULIA ❖

AVEVAMO un **ottimo console** italiano ad Halifax. Era molto **coinvolto** nelle questioni che riguardavano la comunità italiana e si **prendeva cura** di ogni famiglia. Si chiamava Angelo Rorai. Lavorava come supervisore presso la ditta di Standard Paving dove furono **assunti** molti italiani. Sua moglie, Teresa, era **casalinga** ma si prendeva cura dei problemi che gli italiani incontravano in Canada. La loro figlia, Giulia, era interessata alle diverse cucine delle venti regioni d'Italia. La mia famiglia era di origine abruzzese, i Rorai erano di Milano in Lombardia.

Giulia Rorai, la prima studentessa di Egizia. Dietro di lei c'è il padre di Egizia. / Giulia Rorai, Egizia's first student. Egizia's father, stands behind her.

I Rorai divennero presto nostri buoni amici, fecero anche da **padrini** a mia sorella Anna. Spesso erano ospiti a casa nostra per cena e, in quelle occasioni, capitava che venissero serviti spaghetti fatti in casa con una speciale macchinetta. In una di queste cene Teresa chiese a mia madre se io potevo andare a casa loro per insegnare a Giulia come preparare una cena a base di spaghetti. Era il 1957 e io avevo 14 anni. Giulia frequentava un'Università nello Stato del Vermont negli Stati Uniti e sarebbe tornata a casa **durante la pausa** il sabato **successivo**. Mia madre e la signora Rorai decisero che quello sarebbe stato il giorno giusto per la mia lezione di cucina.

Quando arrivò il sabato presi l'autobus per casa loro a Oxford Street, vicino il Parco Point Pleasant nel sudest di Halifax. La casa era **lussuosa**, quasi una villa, l'ampia cucina aveva un grande bancone di marmo. La signora Teresa tirò fuori la macchinetta italiana per la pasta che non aveva mai usato. Non riuscimmo a posizionarla sul balcone di marmo quindi utilizzammo un tavolo abbastanza sottile da consentire al **morsetto** di **sostenere** la base della macchinetta. Per fare la sfoglia di pasta utilizzammo solo farina e uova. Facemmo la "fontanella," cioè un buco al centro di una montagnola di farina e lì rompemmo le uova. Poi, prima con una forchetta e poi con le mani, amalgamammo gli ingredienti fino a **ottenere** un **impasto liscio**. Giulia fece l'impasto, quindi, cominciò a girare la **manovella** della macchinetta con la mia supervisione. Quando fece passare l'impasto attraverso la macchinetta, rimase **stupita** di quanto si allungasse ad ogni passaggio. Con la sfoglia di pasta ottenuta Giulia volle fare le fettuccine e così facemmo. Alla fine, le cucinammo e Giulia osservò con sorpresa la velocità con cui la pasta salisse dal fondo. La signora Teresa **apparecchiò** la tavola e mi invitò a **restare** per la **cena**. Giulia era felice di aver imparato a fare gli spaghetti partendo **da zero**. Le mostrai anche come fare la pasta a mano senza la macchinetta e lei promise di provare a farla al prossimo ritorno all'Università.

Quella sera Giulia mi accompagnò a casa in macchina e sulla strada continuammo a parlare di cucina e dei vari impasti che si possono usare per i ravioli, i tortellini, la lasagna. Le spiegai che per queste paste occorre aggiungere mezzo cucchiaio di olio nelle uova e **frullarle** allo stesso modo per ottenere una sfoglia più elastica, che non presenti **crepe** durante la bollitura.

Volle anche sapere delle pizzelle che mia madre portava spesso loro in **dono**. Queste sono ancora oggi molto conosciute in Abruzzo ma non nel Nord Italia. Le spiegai come fare l'impasto e che, per la cottura, se non riusciva a procurarsi la piastra speciale usata in Abruzzo, avrebbe potuto usare la **piastra** per le **cialde**, sarebbero venute delle pizzelle più **spesse** ma **altrettanto** deliziose.

Arrivate a casa mia, Giulia mi ringraziò per gli insegnamenti e promise di farmi avere notizie della sua pasta. Ero sicura che avrebbe fatto tutto per bene perché avevo visto che imparava velocemente. Quando entrai in casa **mi resi conto** di quanto mi fosse piaciuto fare quella lezione e, credo, che fu proprio grazie a quella opportunità che presi la decisione di **diventare** insegnante di scuola.

Ho in effetti insegnato nella scuola elementare per trentadue anni; poi, quando sono andata in pensione, ho iniziato a dare lezioni di lingua e di cucina italiana presso la scuola per adulti. Le mie sorelle all'inizio hanno riso di me, ma nanostante ciò, mi hanno mandato le ricette che **custodiva** mia madre.

Mi piace insegnare agli adulti.

THE COOKING LESSON WITH GIULIA

WE had a great Italian consul in Halifax. He was very involved with the Italian community and cared for every family. His name was Angelo Rorai. He worked as a supervisor at the Standard Paving Company, where many Italian men found work. His wife, Teresa, was a housewife. She was the one who took care of the different problems that the Italians encountered. Their daughter, Giulia, was interested in the various ways of cooking in the twenty regions of Italy. We were from Abruzzo and the Rorais were from Milan in Lombardy.

The Rorais had become our good friends. They were the godparents of Anna, my sister. Many times they were invited to our house for dinner, and normally they were served spaghetti hand-made with a machine. After one of the meals Teresa asked Mom if I could go to their house to teach and prepare a spaghetti dinner with their daughter, Giulia. It was in 1957, and I was 14 years old. She was at a university in the state of Vermont in the United States and was coming home during break the following Saturday. My mother and Mrs. Rorai decided that was the right day to have the cooking lesson.

When she arrived on Saturday I took the bus to their home on Oxford Street near Point Pleasant Park in southeast Halifax. The house was luxurious and looked like a villa and had marble counters in its kitchen. Mrs. Rorai found the spaghetti maker that she had never used. We couldn't place it on the marble counter, so we used a table thin enough to allow the C-clamp to support the base of the machine. To make the spaghetti we used only flour and eggs. We made a well in the flour and then put the eggs in it. First, we used a fork and then our hands until we had made a smooth dough. Giulia made all the dough and started feeding it into the machine. I was the helper. When she passed the dough through the machine, she was amazed at how much longer it got with each pass. Giulia wanted to make fettucine, and so we did. She cooked the pasta and was surprised at how quickly it rose up to the top in the boiling water. Mrs. Rorai set the table and invited me to stay for dinner. Giulia was happy to have learned how to make spaghetti from scratch. I also showed her how to make spaghetti without the machine. Giulia said that she will do that when she returns to the university.

Giulia drove me home. On the way we talked about the dough for ravioli, tortellini, and lasagna. I told her that the method is the same, but you have to add half a spoonful of oil to the eggs and blend them in the same way. The dough will be more elastic and will not crack during boiling.

She also asked me about the pizzelle that my mother always gave them as gifts. These are well known in Abruzzo but not in northern Italy. I told her to make the dough, and if there is no griddle for the pizzelle, make them in the waffle iron. These will be thicker, but they will be just as delicious.

Giulia thanked me for the good lesson and promised to let me know how her pasta went. I was sure she would do well because she was a quick learner. I realized how much I loved teaching her. Thanks to this opportunity I decided to become a schoolteacher and taught elementary school for 32 years.

When I retired, I started teaching the Italian language and also Italian cooking in a continuing adult education program. My sisters laughed at me at first, but they gave me copies of our mother's recipes. I enjoy teaching adults.

VOCABOLARIO
Lezione di cucina con Giulia

altrettanto: likewise
apparecchiò: she set the table
assunti: employed
casalinga: housewife
cialde: waffles
console: consul
crepe: cracks
custodiva: kept
da zero: from scratch
diventare: to become
frullare: to blend
impasto liscio: smooth dough
lussuosa: luxurious

mi resi conto: I realized
manovella: handle
morsetto: C-clamp
ottenere: obtain
ottimo: optimal
padrini: godparents
piastra: griddle
prendeva cura: took care
restare a cena: to stay for dinner
sostenere: to hold up
stupita: shocked
successivo: following

⇥ 7. VINIFICAZIONE ⇤

Fin da piccola a Pratola il mistero attorno alla **vendemmia** e alla **vinificazione** dell'uva mi incuriosiva molto.

Tutto incominciava con la raccolta dell'uva. Le donne avanzavano tra i filari di viti portando grandi **cesti** nei quali raccoglievano i grappoli staccati dai tralci. Io, con un **cestino**, seguivo le donne dopo che loro erano passate al filare successivo, e raccoglievo l'uva che avevano lasciato indietro, a volte solo uno o due **acini** sulle **viti**. Gli uomini prendevano i cesti e riversavano l'uva raccolta in contenitori molto più grandi, posizionati su un carro trainato dal cavallo. A fine giornata il carro era pieno e veniva condotto nella cantina dove l'uva sarebbe stata **pigiata** la sera stessa.

L'uva veniva messa nel **torchio**. Noi bambini, indossati gli stivali di gomma, eravamo i primi a salire sul torchio e a pigiare l'uva **calpestando**

Elena, Anna, Zio Salvatore, sua figlia Nancy, Giovanna, Venanzio, Papà, Mamma (da sinistra a destra) stanno pigiando l'uva. / Elena, Anna, Uncle Salvatore, his daughter Nancy, Giovanna, Vincent, Papà, Mamma (left to right) are crushing grapes.

ripetutamente la massa di acini. **Man mano** che **schiacciavamo** l'uva, un liquido, chiamato mosto, **fuoriusciva** dal torchio. Non aveva un buon sapore. Dopo la pigiatura venivano messi dei **pesi** a forma di mezzaluna sulla **sommità** del torchio per continuare a fare pressione sugli acini. In questo modo per tutta la notte il mosto continuava a colare e poi finiva in un grande tino. Queste operazioni venivano ripetute ogni giorno finché c'era uva da raccogliere.

Il mosto veniva messo nei **grandi tini** e nelle **botti**. A volte la mamma metteva a bollire un po' di mosto sul fuoco e lo lasciava cuocere finché non si riduceva abbastanza da diventare una crema dolce che a noi piaceva **spalmare** sul pane.

La nostra cantina aveva da un lato un grande torchio e un grosso tino d'**acciaio** e dall'altro molte botti **accatastate**; c'era solo un piccolo passaggio tra loro, appena sufficiente per le attività della vinificazione. Ma il gran numero di botti e damigiane di vino che avremmo venduto, ci garantivano risorse sufficienti per tutto l'anno. Abbiamo sempre sperato in una buona vendemmia.

Quando la nostra famiglia emigrò ad Halifax, cominciammo a produrre vino solo per uso familiare. Non ci portava denaro. Dovevamo acquistare le nostre uve da un importatore che si riforniva in California. Di solito compravamo trenta casse d'uva, ogni cassa produceva mediamente un gallone di vino. Mio padre ordinava le sue uve in agosto, cioè quando le botti erano state **riempite** d'acqua e colavano acqua nel nostro cortile. Con questo sistema il legno secco delle botti, durante i mesi di agosto, settembre, e ottobre, si **gonfiava** e tutte le **fessure** si chiudevano. Quando l'acqua non usciva più dalle botti voleva dire che erano pronte per accogliere il vino. Ciò doveva succedere prima del 30 ottobre, quando **di norma** arrivava l'uva.

Il lavoro di vinificazione coinvolgeva tutti. La nostra famiglia ha aiutato i parenti per molti anni. E tutti ricordano ancora quei momenti felici. Per un certo periodo la mia generazione ha prodotto vino con il kit. Io ho fatto vino con i fiori di **denti di leone** e l'uvetta. Col passare degli anni anche i nipoti di mio padre hanno cominciato a fare vino. Loro usano uva ma anche fragole e miele per fare una buonissima bevanda chiamata **idromele** che fermenta in particolari **damigiane**.

L'amore dei miei genitori per la vinificazione è durato tutta la loro vita e continuerà nel futuro attraverso i nostri figli che credo manterranno sempre la memoria di questa antica attività.

⋆❯ WINEMAKING ❮⋆

SINCE I was a child in Pratola, the mystery surrounding the harvesting of grapes and winemaking has intrigued me. In Italy the women harvested the grapes. Each had a large basket to fill. I, with a basket, followed the women. As they moved to another vine, I collected the few grapes they had left behind on the vines. Sometimes there were only one or two grapes. I collected them all. The men carried the baskets when they were full onto the horse-drawn cart. The wagon had many larger containers to hold all the grapes harvested that day. At the end of the day the wagon was full. It was time to take the harvest to the cellar to be pressed that same evening.

The grapes were put into the press. We children were the first to press them by putting on rubber boots, stepping onto the press, and crushing the grapes. A liquid called *must* came from the grapes. It wasn't good tasting. After pressing the grapes, we placed crescent-shaped boards in the press to keep the weight on the grapes, and they were left to drain well all night in the receiving area, which was a large vat. This was the daily activity until there were no more grapes to harvest.

The must was placed in large vats. Sometimes mother boiled the must on the stove until it reduced enough to become a sweet cream. We liked spreading it on bread.

Our cellar had a large press and a large steel vat on one side and many stacked barrels on the other. There was only a small passage between them. This was enough space to have enough wine barrels and demijohns to hold the wine to sell and make enough money to last for the whole year. We always hoped for a good harvest.

When our family immigrated to Halifax, Canada, we produced wine for personal use only. It did not provide us with money. We had to buy our grapes from an importer who got them from California in the United States. We usually bought thirty cases of grapes. Each case could produce a gallon of wine. Dad requested his grapes from them in August when he filled his barrels with water that leaked into our courtyard because the wood was dry. During the months of August, September, and October, the barrels swelled so that no water would escape. The wood had to swell and close all the cracks before the grapes arrived on October 30.

Work began for everyone. Our family helped our relatives in winemaking for many years. Everyone still remembers those happy moments. For a certain period, my generation produced wine with kits. I have made wine with dandelion flowers and raisins. Years passed and now my father's grandchildren have started making wine. They use grapes but also sometimes strawberries from the fields and honey to make a very good wine called mead, which is fermented in demijohns.

My parents' love for winemaking has endured and will continue into the future, a tradition for our children to never forget.

VOCABOLARIO
Vinificazione

accatastate: stacked
acciaio: steel
acini: grapes
botti: barrels
calpestando: trampling
cesti/cestino: baskets/little basket
damigiane: demijohns
denti di leone: dandelions
di norma: normally
fessure: cracks
fuoriusciva: would come out
gonfiava: swelled
grandi tini: large vats
idromele: mead
man mano: gradually (short for mano mano—hand by hand)
pesi: weights
pigiata: pressed
riempite: filled
schiacciavamo: we crushed
sommità: top
spalmarla: spread it
torchio: press
vendemmia: harvest
vinificazione: wine making
viti: vines

8. LA DODICESIMA CLASSE A SAN PATRIZIO

IL dodicesimo anno di scuola era l'anno che decideva il futuro degli studenti. In Nuova Scozia quelli che **superavano** la dodicesima classe con voti alti potevano considerare quell'anno come il primo dell'Università. Infatti, alcuni studenti andavano all'Università dopo l'undicesima classe. Io ho frequentato la dodicesima a San Patrizio

Copertina e selezione dal programma di laurea di Egizia / Cover and selection from Egizia's graduation program

per **risparmiare** un anno di Università e perché mi piaceva la **carica** di vicepresidente del **Consiglio degli studenti**. Ero già stata rappresentate per tre anni e, la vicepresidente, Anita Dwyer, mi incoraggiò molto a tentare di farmi eleggere al suo posto. Ammiravo moltissimo Anita e lei mi dette molti **consigli**. Tra le altre cose mi spiegò come parlare con il microfono e non avere paura dell'eco: dovevo soltanto parlare lentamente, diceva, e l'eco non sarebbe **risuonato** sulle mie parole.

Quando incominciai la scuola nel 1953, la maestra mi **soprannominò** Gina perché ero italiana e in quel momento Gina Lollobrigida che aveva ventisei anni, era l'attrice italiana più famosa. Inoltre, il mio nome, Egizia, era molto difficile da pronunciare. Così nel **liceo** con il nome di Gina e tanto aiuto da parte di molte persone, vinsi l'elezione.

La nostra scuola era rigorosamente divisa in due, un lato femminile e l'altro maschile, ma avevamo un **preside** e un vicepreside in comune. Il nostro Consiglio degli studenti aveva un presidente, Kevin Carroll, una vicepresidente per la prima volta italiana, (Egizia) Gina Santilli, un cassiere, Michael Coolen, e una segretaria, Kathleen Mulcahy.

Quell'anno fummo occupati in tante iniziative. Le più rilevanti furono due operette: the *Black Widow* andata in scena in dicembre, e *Texas Rangers Ride Again* realizzata in maggio. Avevamo molte persone con bellissime voci.

Un altro evento da ricordare fu il Campionato di curling. Ogni provincia mandava la sua **caposquadra** al campionato che quell'anno si svolse ad Halifax. Il Consiglio degli studenti, io e gli altri, riuscimmo a trovare **vitto e alloggio** per dieci squadre per quattro giorni: venerdì, sabato, domenica e lunedì. Fu un grande lavoro.

Poi arrivarono le feste per i nostri diplomi. Preparammo quanto occorreva per la Messa **solenne**. I vestiti per la cerimonia delle ragazze furono cuciti a mano, quelli dei maschi furono acquistati nei negozi. La festa fu molto bella, lo testimoniano le foto pubblicate dal giornale di Halifax *The Mail Star* e due libretti realizzati al meglio per ricordare i nostri giorni al liceo e la festa della consegna dei diplomi.

Nel libretto di classe compare la bandiera della Nuova Scozia che ha fondo bianco, croce di Sant'Andrea blu e un leone della Scozia in mezzo. Compare anche lo **stemma** della Nuova Scozia che ha un **cardo** in alto, due mani strette nel gesto di benvenuto, un indiano della **tribù** MicMac, un unicorno con corona e **incatenato**, un grande elmo con **abbellimento** e lo **scudo** della Nuova Scozia. Seguono le quattro fotografie della classe di **appartenenza**, quindi quelle del Consiglio, dell'Amministrazione e infine la **pagella**. Nel libretto della consegna dei diplomi si vede una pagina di ricordi; notizie del ballo finale: **accompagnatori**, nomi dei consiglieri, dei diplomati, dei parenti, foto della prima fila del ballo con Kevin Carroll, Michael Coolen, Kathleen Mulcahy, e me, insieme ai nostri accompagnatori; le **profezie**; le borse di studio; le espressioni per le quali gli insegnanti erano conosciuti.

Quell'anno imparai tante cose che cambiarono la mia vita, in particolare **appresi** come confrontarmi con le persone e l'importanza dell'**accoglienza**.

⁂ TWELFTH GRADE AT ST. PATRICK'S ⁂

THE twelfth year of school was the year that decided the future of the students. In Nova Scotia, those who passed the twelfth grade with high grades could count that year as their first at university. In fact, some students went to university after the eleventh grade. I attended the twelfth grade at St. Patrick's School to save a year of university, and because I wanted to have the role of vice president of the Student Council. I had already been the class representative for three years, and the vice-president, Anita Dwyer, strongly encouraged me to try to get elected in her place. I admired Anita very much and she gave me a lot of advice. Among other things, she explained to me how to speak into the microphone and not be afraid of the echo: I just had to speak slowly, she said, and the echo wouldn't resonate with my words.

When I started school in 1953, the teacher nicknamed me Gina because I was Italian and at that time Gina Lollobrigida, who was twenty-six years old, was the most famous Italian actress. Furthermore, my name, Egizia, was very difficult to pronounce. So, in high school, with the name of Gina and a lot of help from many people, I won the election.

Our school was strictly divided into two: a girls' and a boys' section, but we had a common principal and vice-principal. Our Student Council had a president, Kevin Carroll, a first-time Italian vice president, (Egizia) Gina Santilli, a treasurer, Michael Coolen. and a secretary, Kathleen Mulcahy.

That year we were busy with many projects. The most notable were two operettas: the *Black Widow* performed in December, and *Texas Rangers Ride Again* performed in May. We had a lot of people with beautiful voices.

Another event to remember was the Curling Championship. Each province sent its best team to the championship, which took place in Halifax that year. The Student Council, myself and the others, managed to find room and board for ten teams for four days: Friday, Saturday, Sunday and Monday. It was a great job.

Then came the celebrations for our graduation. We prepared what was needed for the solemn Mass. The girls' formal dresses were sewn by hand, while the boys' dress suits were purchased in stores. The party was very beautiful, as evidenced by the photos published in the Halifax newspaper, *The Mail Star*, and in our two well-made booklets to remember our days at high school and the graduation party.

In the class booklet the flag of Nova Scotia appears, which has a white background, a blue St. Andrew's cross and a Scottish lion in the middle. The coat of arms of Nova Scotia also appears, which has a thistle on top, two hands in welcoming handshake, an Indian from the MicMac tribe, a unicorn with a collar and crown, a embellished helmet and the shield of Nova Scotia. This was followed by the four photographs of the graduating classes, then those of the Council, the Administration and finally the report card. In the graduation booklet one sees a page of memories, news of the final dance, of the chaperones, the names of the counselors, the graduates, photos of the front row of the dance with Kevin Carroll, Michael Coolen, Kathleen Mulcahy, and me with our dates, the prophecies, the scholarships, the expressions for which the teachers were known. That year I learned many things that changed my life, in particular, how to deal with people and the importance of hospitality.

VOCABOLARIO
La dodicesima classe a San Patrizio

abbellimento: embellishment
accompagnatori: companions
accoglienza: hospitality
appartenza: belonging
appresi: I learned
caposquadra: top team
cardo: thistle
carica: load
consigli: advice
Consiglio degli studenti: Student Council
incatenato: chained
liceo: high school
pagella: report card
preside: principal
profezie: prophecies
risparmiare: to save
risuonato: resounded
scudo: shield
soprannominò: nicknamed
stemma: coat-of-arms
superavano: they surpassed
tribù: tribe
vitto e alloggio: room and board

❖ 9. LA MIA SORELLINA FELICIA ❖

La mia sorellina, Felicia, è stata la mia unica sorella per dieci anni. Siamo **cresciute** insieme a Pratola Peligna, in Italia, nei primi anni della nostra vita, prima di partire per il Canada.

Essendo la maggiore, mi prendevo cura di lei, particolarmente quando andavamo all'**asilo** delle **suore.** Questa scuola materna si trovava nel punto più alto del paese. Dal giardino potevamo vedere la Piazza Garibaldi, dove si svolgevano tutte le attività più rilevanti della vita **quotidiana paesana**: il mercato, gli incontri, le processioni, i concerti **bandistici** durante le feste.

Le suore ci preparavano il pranzo che consisteva in una buona minestra. Andando per il corridoio noi cantavamo una canzone: "Chi

---

Felicia e Zia Rocca avevano un rapporto speciale. / Felicia and Zia Rocca had a special bond.

mangia troppo è una **vergogna**. Mangia soltanto quel che bisogna." Cantavamo fino alla sala da pranzo dove c'erano tavoli con dei **buchi** per i piatti di zuppa. Durante l'estate mangiavamo alle 12:00, ma quando andavamo a scuola si pranzava all'1:30 perché fino all'1:00 avevamo delle lezioni. Le suore insegnavano alle più grandi il **ricamo**. Invece le bambine più piccole potevano giocare tutto il giorno nel giardino dove c'erano **altalene** e altri **giocattoli**.

Quando partimmo per Halifax, nel 1953, Felicia aveva solo otto anni e io ne avevo dieci. La mamma ci aveva **confezionato** dei cappotti gialli identici perché sapevamo che in Canada avremmo trovato il freddo. Ci aveva cucito anche degli abiti in taffetà rosso che noi amavamo molto indossare.

Una volta ad Halifax io e mia sorella andavamo spesso a trovare e aiutare la zia Rocca che viveva in via Kline, a solo dieci minuti a piedi da casa nostra. La zia era una buona **sarta**. Ci cucì subito due vestiti identici in tartan rosso. Gli abiti erano **svasati** e avevano **maniche** lunghe, ci stavano molto bene. Mia sorella e io adoravamo indossare i nostri vestiti nuovi soprattutto quando andavamo a fare visita alla zia.

La zia era anche una brava cuoca. Preparava dei biscotti meravigliosi che ci offriva quando andavamo a trovarla, e spesso ce ne dava anche da portare ai nostri genitori. Felicia restava quasi tutti i giorni dopo la scuola da lei e imparava molto sulla cucina, e in particolare sulla preparazione dei dolci. Io non potevo restare con loro perché dovevo andare a casa dove spesso mi aspettavano amici dei miei genitori che avevano bisogno di me per la traduzione di documenti o per le **pratiche burocratiche**.

Spesso dovevo accompagnarli negli uffici competenti quando dovevano pagare le bollette delle utenze. Fino agli anni Sessanta la maggior parte degli immigrati pagavano le **bollette** in **contanti** perché non avevano assegni.

Nel 1955, Felicia e io diventammo sorelle maggiori della nostra nuova sorellina Giovanna. Felicia aveva ormai dieci anni e poteva tornare a casa da sola. Al ritorno da scuola andava da zia Rocca e io invece andavo direttamente a casa per aiutare nostra madre. Felicia aiutava sempre la zia nelle pulizie della casa e a **estirpare** le erbacce dalle sue bellissime **aiuole** fiorite. Felicia imparò anche a cucinare e sempre riportava a casa biscotti e dolci dei quali si prendeva cura di copiare le ricette.

Alcune delle mie ricette preferite sono riportate nell'appendice di questo libro. La prima è quella dei **Fari di Napoli** che sono **realizzati** con due biscotti **identici**, uno **spalmato** di marmellata e l'altro con un **taglio interno** al centro da dove si vede **brillare** la marmellata. Un'altra ricetta è quella dei biscotti di **mandorle** che hanno un aspetto molto diverso dai biscotti semplici che chiamo Unicotti perché sono cotti sola una volta. Infine, ho messo altre ricette che sono davvero buonissimi.

Io **invidiavo** Felicia per la sua conoscenza della preparazione dei dolci. Quando avevamo ospiti offrivamo sempre un bel **vassoio** di biscotti e tutti ne erano sempre entusiasti, ci facevano molti complimenti e decantavano la nostra bravura.

Felicia mi diceva che anche lei mi invidiava, mi guardava con ammirazione perché ero la sorella maggiore. Lei è stata molto orgogliosa di me al liceo in particolare l'anno in cui ero la vicepresidente degli studenti a San Patrizio, il nostro **liceo**. Felicia diceva con orgoglio a tutti, "Mia sorella è la capo ragazza!"

Il tempo passò e Felicia sposò Angelo, un giovane conosciuto in Italia. Dopo qualche anno, vissuto a Roma, tornò in Canada, ad Edmonton, Alberta, dove insieme ad Angelo hanno cresciuto quattro figli e ora amano fare i nonni dei loro numerosi nipoti.

Amano viaggiare per il mondo e hanno **persino** affrontato Il Cammino di Santiago di Compostela in Spagna.

Felicia mi aiuta ancora nella cucina. È lei che mi ha suggerito alcuni ingredienti e il nome per il mio speciale **biscotto**, il Biscotto Vulcano. (Ricetta in appendice)

Io sono orgogliosa di essere sua sorella maggiore, lei è la mia risorsa in cucina, e anche lei è ancora orgogliosa di me.

MY LITTLE SISTER, FELICIA

MY little sister, Felicia, was my only sister for ten years. We were always together, growing up in Pratola Peligna in Italy, before we left for Canada.

I took care of her, especially when we went to the sisters' day care, which was in the highest place in the town. From there we could see Piazza Garibaldi, where we observed daily life.

The sisters prepared lunch for us, which was always a good soup. Going down the corridor we sang a song: "He who eats too much is shameful. Eat only what you need." We sang all the way to the dining room, where there were tables with holes for plates of soup. During the summer we ate at noon, but when we went to school, we ate at 1:30 because school ended at 1:00. The sisters taught the older girls to embroider, but the younger ones could play all day in the garden where there were swings and other toys.

When we left for Halifax, Nova Scotia, in 1953, Felicia was only eight years old, and I was ten. Mom had made us identical yellow coats because she thought we would be cold in Canada. She also made us identical red taffeta dresses that we loved to wear. Once in Halifax, my sister and I went to visit and help Aunt Rocca who lived on Kline Street, just a ten-minute walk from our house. Aunt Rocca was a good seamstress. She made us identical dresses in red tartan. The dresses were flared and had long sleeves. We looked good in them. My sister and I loved wearing our new clothes, especially when we went to visit Auntie.

Aunt Rocca was also a good cook who baked wonderful cookies. We visited her often, and she would give us some to bring to our parents. Felicia went after school almost every day to help our aunt. She learned a lot about cooking, especially desserts. I couldn't stay because I was needed at home. I often had to go with my parents' friends because they needed me to interpret for them or help them with some paperwork. I often went with them when they had to pay bills. Until the sixties most immigrants paid all their bills in cash because they had no checks. They went to the appropriate offices to pay for services and other bills.

In the year 1955, Felicia and I became big sisters to our new baby sister, Giovanna. Felicia was now ten years old, and she could go home alone. When she left school, she went to Aunt Rocca's, and I went straight home to help Mom. Felicia always helped Aunt Rocca clean the house and pull weeds from the beautiful flower gardens that her aunt had planted. Felicia also learned to cook and always brought home cookies and dessert with written recipes.

Some of my favorite recipes are also written in the appendix of this book. These begin with Fari di Napoli, which are made with two identical biscuits, sandwiched together, one spread with jam and the other with a hole cut in the center where you can see the jam shining through. Another recipe is for almond biscotti, which look very different from normal biscotti and are called *unicotti* because they are cooked only once. Finally I put other recipes that are truly delicious.

I envied Felicia for her knowledge of cookie making. When we had guests, we always served them a nice tray of cookies. The visitors were always enthusiastic and complimented us a lot, even saying that we were good cooks.

Felicia told me that she also envied me because I was her older sister. She was very proud of me in high school the year I was head girl at St. Patrick's, our high school. Felicia proudly told everyone, "My sister is the head girl."

The years passed. Felicia married Angelo in Italy and returned to Edmonton, Alberta, Canada, with her family. She and Angelo raised four children and now love being grandparents to their many grandchildren.

They love to travel the world and have even done the Camino de Santiago in Spain.

Felicia still helps me cook. She is the one who helped me invent and name my unique cookie, Biscotto Vulcano. (Recipe in appendix)

I'm proud to be her big sister, she's still my asset in the kitchen, and she's still proud of me.

VOCABOLARIO
La mia sorellina Felicia

aiuole: flowerbeds
altalene: swings
asilo: day care
bandistici: band
biscotto: cookie
bollette: bills
brillare: to shine
buchi: holes
confezionato: cut out and sew
contanti: cash
cresciute: grew up
estirpare: to weed
fari: lighthouses
giocattoli: toys
identici: identical
invidiavo: I envied
liceo: high school
mandorle: almonds
maniche: sleeves
paesana: villager

persino: even
pratiche burocratiche: paperwork
quotidiana: daily
realizzati: made
ricamo: embroidery
sarta: seamstress

spalmato: spread
suore: sisters
svasati: flared
taglio interno: inside cut
vassoio: tray
vergogna: embarrassed

❧ 10. LIBERTÀ ❧

Il 1962 fu il mio ultimo anno di liceo. In aprile ci fu richiesto di presentare un nostro racconto breve insieme alla domanda di iscrizione all'Università che avevamo scelto di **frequentare**, perché il dodicesimo anno poteva essere considerato il nostro primo anno di università, se avessimo conseguito il massimo dei voti. Dal mio arrivo in Canada i miei voti in letteratura inglese erano sempre migliorati, pertanto potevo puntare a una A, se avessi scritto una storia "stellare" avrebbe detto la mia insegnante. Ci fu proposto un elenco di frasi o **argomenti** tra cui scegliere. Scelsi "**Libertà**" e questo è quello che scrissi:

> *Era una giornata ventosa. Il fumo avvolgeva la città e l'aria era grigia di nebbia. Il signor Boulle era seduto con il* **giornale del mattino** *su uno* **sgabello** *alto, a causa della sua statura robusta. Per sua* **comodità** *c'era un campanello sulla porta che suonava*

Una scena dal saggio finale di Egizia / A scene from Egizia's senior essay ogni volta che entrava un cliente. **Tuttavia**, *per la prima volta, quel giorno il signor Boulle non l'aveva sentito. Un cliente era sulla porta. Mentre* **scivolava** *giù dallo sgabello, il negoziante sentì che l'uomo era arrabbiato, tuttavia com'era sua abitudine, si* **strofinò** *energicamente le mani, sorrise e salutò, "Buon giorno, cosa posso fare per lei, signore?"*

Le scarpe lucide dell'uomo **scricchiolarono**. *Il suo vestito* **sembrava** *a buon mercato e della misura sbagliata, ma sembrava nuovo. Il cliente era di un* **bianco spettrale** *e aveva un taglio di capelli corto. Senza guardare il signor Boulle, i suoi occhi* **scrutarono** *il negozio.*

*"Una brutta mattinata," continuò il negoziante. "Ho letto dal giornale che ci aspetta un'***ondata di freddo***. Cos'è che desidera?" l'uomo rispose. "Qualcosa in una* **gabbia**!*"*

"Qualcosa in una gabbia!" ripeté il commerciante confuso, ma continuò dicendo, "Allora, vorrebbe dire un animale domestico?"

"Intendo quello che dico!" **scattò** *il cliente e* **ribadì**, *"Vorrei qualcosa di vivo che sia in una gabbia!"*

"Ho dei topi molto carini," rispose il signor Boulle.

"Oh, orrore! No! Imbecille, non topi, ma qualcosa che vola."

"Un uccello!" esclamò il Signor Boulle.

"Si, un uccello è quello che voglio."

Poi l'uomo indicò una gabbia con due colombe bianche come la neve. "Quanto costano quelle colombe?" chiese al negoziante.

"Cinque dollari e cinquanta centesimi," rispose il negoziante e aggiunse, "Un prezzo molto **ragionevole** *per un bel paio di colombe se lo chiede a me."*

"Cinque e cinquanta," mormorò il cliente senza espressione. Poi **estrasse** *rapidamente dalla tasca una banconota da cinque dollari e disse, "Mi piacerebbe avere quegli uccelli, ma questo è tutto quello che ho, solo cinque dollari."*

Il Signor Boulle capì subito che con uno sconto di cinquanta centesimi avrebbe comunque realizzato il suo profitto. Sorrise e rispose, "Caro mio, se li desidera così tanto, puoi certamente averli per cinque dollari."

"Li prenderò," disse il cliente e mise i soldi sul bancone. Il Signor Boulle **sganciò** *la gabbia e la diede al suo cliente.*

Il cliente gli chiese, "Quel rumore non le dà fastidio?"

"Rumore? Che rumore?" chiese il signor Boulle sorpreso. Non riusciva a sentire niente di **insolito**.

Il cliente lo **fissò** e insistette "Tutti questi animali in gabbia non la fanno **impazzire**?"

Il Signor Boulle che voleva **sbarazzarsi** di quest'uomo subito, rispose, "Sì, sì, immagino di sì."

Il cliente gli chiese, "Quanto tempo pensa che mi ci sia voluto per **guadagnare** quei cinque dollari?"

Tutto ciò che il negoziante voleva era convincerlo ad andarsene tuttavia gli chiese "Quanto tempo ci ha messo?"

Il cliente rispose, "Dieci anni! Anche ai lavori duri. Cinquanta centesimi all'anno. Mi hanno dato cinque dollari, un abito **scadente** e scarpe troppo grandi; mi hanno detto, 'Va dritto e non ritornare qui mai più', quindi hanno aperto il cancello e mi hanno fatto uscire."

Il signor Boulle si **asciugò** il **sudore** e disse, "Ora parliamo della cura e dell'alimentazione delle sue colombe. Le consiglierei di prendere..."

"Bah," lo interruppe il cliente e uscì **bruscamente** dal negozio.

Il Signor Boulle **sospirò di sollievo**. Andò alla finestra e vide che il suo **particolare** cliente si era fermato, aveva portato la gabbia all'altezza delle spalle e la stava fissando. Poi aprì la gabbia, infilò una mano all'interno, prese una delle colombe e la **lanciò in** aria. Tirò fuori la seconda e la gettò dietro la prima. I due uccelli salirono sempre più alto, scalando l'altezza del cielo e **scomparvero** nel grigio fumo della città. Il **liberatore** rimase in silenzio. Alzò lo sguardo per guardare le sue colombe liberate. Poi lasciò cadere la gabbia, **infilò entrambe** le mani nelle tasche dei pantaloni e si allontanò.

Il Signor Boulle era perplesso. Il cliente aveva così disperatamente desiderato le colombe che gliele aveva date a prezzo ridotto. Poi quasi immediatamente le aveva liberate. Il Signor Boulle borbottò "Perché l'ha fatto?" Si sentiva vagamente **insultato**.

Pensateci, che voto merita questa storia secondo voi? Merita una *A*?

⋅⋙ FREEDOM ⋘⋅

April 1962 was my last year of high school. We were required to mail our best handwritten story with our application to the university that we had chosen to attend. This 12th year could be considered our first year of university if our grades were all A's. My grades in English Literature were better than the previous year, and I had A's so far. "The story of the essay must be stellar," my teacher would say. I chose "freedom" from the designated list of phrases or topics.

Here is my story:

It was a windy day. Smoke enveloped the city, and the air was gray with fog. Monsieur Boulle was sitting in his pet shop, and, because of his large stature, he was sitting on a high stool with the morning paper. For his convenience there was a bell on the door which rang whenever a customer entered. However, for the first time, Monsieur Boulle had not heard it. A customer was just inside the door. As he slid off the stool, the shopkeeper sensed that the man looked angry. As was his habit, he rubbed his hands briskly, smiled and nodded. "Good morning, what can I do for you, sir?"

The man's shiny shoes creaked. His suit looked cheap and was the wrong size, but it looked new. The customer was ghostly white and had a short haircut. Without looking at Monsieur Boulle, his eyes scanned the shop.

"A bad morning," continued the shopkeeper. "I read in the newspaper that a cold snap awaits us. What is it that you desire?"

The man replied, "Something in a cage!"

"Something in a cage!" repeated the merchant, confused, but he went on saying, "So, do you mean a pet?"

"I mean what I say!" snapped the customer. "I'd like something alive that's in a cage!"

"I have some very nice mice," replied Mr. Boulle.

"Oh horrors! No! Imbecile, not mice, but something that flies."

"A bird!" exclaimed Monsieur Boulle.

"Yes, a bird is what I want." Then the man pointed to a cage with two snow-white doves. "How much do those doves cost?" he asked the shopkeeper.

"Five dollars and fifty cents," replied the shopkeeper, and added, "A very reasonable price for a fine pair of doves, if you ask me."

"Five fifty," the customer muttered heartlessly. Then he quickly pulled a five dollar bill out of his pocket and said, "I would like to have those birds, but I have only five dollars."

Monsieur Boulle immediately understood that with a reduction of fifty cents he would still make his profit. He smiled and said, "Dear Sir, if you want them that badly, then certainly have them for five dollars."

"I'll take it," the customer said and put the money on the counter.

Monsieur Boulle unhooked the cage and gave it to his client.

The customer asked him, "Doesn't that noise bother you?"

"Noise? What noise?" asked Monsieur Boulle, surprised. He couldn't hear anything out of the ordinary.

The customer stared and said, "Don't all these caged animals drive you crazy?"

Monsieur Boulle wanted to get rid of this man right away and replied, "Yes, yes, I guess so."

The customer asked him, "How long do you think it took me to earn those five dollars?"

All the shopkeeper wanted to do was to get the customer to leave and he asked, "How long did it take you?"

The customer replied, "Ten years! Even at hard work. Fifty cents a year. They gave me five dollars, a cheap suit and shoes that were too big. Then they told me, 'Go straight and never come back here.' Then they opened the gate and let me out."

Monsieur Boulle wiped away the sweat and said, "Now let's talk about the care and feeding of your doves. I would recommend you take . . ."

"Bah," said the customer and abruptly walked out of the shop.

Monsieur Boulle sighed in relief. He went to the window and saw that his unusual customer had stopped and lifted the cage up to shoulder height and was staring at it. Then he opened the cage, reached inside and took one of the doves and threw it in the air. He took out the second and threw it behind the first. They climbed higher and higher, scaling the height of the sky and disappeared into the gray smoke of the city. The liberator remained silent. His face lifted to watch his released doves. Then he dropped the cage and put *both hands in his trouser pockets and walked away.*

Monsieur Boulle was perplexed. The customer had so desperately wanted the doves that he had given them to him at a reduced price. Then he almost immediately released them. Monsieur Boulle muttered, "Why did he do it?" He felt vaguely insulted.

Think about it. What grade does this story deserve, in your opinion? Does it deserve an A?

VOCABOLARIO
Libertà

argomenti: topics
asciugò: dried
bianco spettrale: ghostly white
bruscamente: gruffly
comodità: convenience
entrambe: both
estrasse: pulled out
fissò: stared
frequentare: to attend
gabbia: cage
giornale del mattino: morning newspaper
guadagnare: earn
impazzire: crazy
infilò: reached into
insolito: unusual
insultato: insulted
lanciò: toss
liberatore: liberator

libertà: freedom
ondata di freddo: cold wave
particolare: unusual
ragionevole: reasonable
ribadì: snapped
sbarazzarsi: get rid of
scadente: cheap
scattò: snapped back
sciovolava: sliding
scomparvero: disappeared
scricchiolarono: squeaked
scrutarono: size up; look
sembrava: seemed
sgabello: stool
sganciò: unhooked
sospiro di sollievo: sigh of relief
strofinò: rub or stroke
sudore: sweat
tuttavia: however

❧ 11. MAMMA LA LAVORATRICE ❧

MIA madre, Maria, nacque il 24 aprile 1922. Era la prima di quattro figli. Sua madre, Giuseppa, le insegnò molto presto ciò che lei sapeva fare: **tessere** al telaio il lino, il cotone e la canapa; lavorare la lana con l'**uncinetto** e i **ferri**. Maria imparava con facilità ed era ancora piccola quando cominciò a portare al mercato i suoi manufatti, **scarpette** di lana e **magliette** per bambini piccolini.

Fu presto d'aiuto anche per suo padre, Salvatore, che le spiegò come funzionava la distribuzione dell'acqua per l'irrigazione delle campagne; le insegnò come **potare** le vigne e gli alberi, come coltivare il terreno, la semina e la **maniera** più **efficace** per distribuire i fertilizzanti. Quando il padre era **ammalato** lei riusciva a sostituirlo in alcune operazioni.

La mamma era una sarta molto talentuosa e faceva sempre in modo che papà fosse sempre in ordine. / Mamma was a very talented tailor and always kept Papà looking sharp.

Maria sposò Giuseppe, più grande di lei di dodici anni, il 23 aprile 1942. Quando mio padre partì per Halifax nel 1949, mia madre si prese cura delle nostre vigne, dei campi di grano e di crescere al meglio me e Felicia. Mi ricordo bene quando insieme a lei andavamo in campagna, e ci faceva vedere come strappare i **papaveri** che infestavano il campo di grano. Mia madre sapeva ricamare, specialmente le piaceva il punto a "**nido d'ape**." Noi indossavamo sempre vestiti fatti a mano con **abbellimenti** ricamati da lei. Confezionava lei stessa perfino le nostre scarpette estive che avevano la **suola di cuoio** o di **gomma** e la **tomaia** di **tela**. Erano belle, ma a me d'estate piaceva tanto andare **a piedi nudi**. Al mattino, mia madre ci accompagnava all'asilo delle suore. Lì ho imparato a ricamare, e mentre noi bimbe eravamo a scuola, mamma andava a curare i prati **seminati**.

Insieme a lei raggiungemmo mio padre in Canada nel 1953. Felicia e io cominciammo subito a frequentare la scuola, mia madre trovò un lavoro presso la ditta Moirs, una fabbrica di cioccolato di Halifax. La sua **mansione** consisteva nel **riempire** di cioccolatini gli **appositi** sacchetti. Il lavoro era organizzato in gruppi di operai ed era calcolato al pezzo, e cioè più sacchetti confezionavano più soldi percepivano. Molti volevano Maria nel gruppo perché lei si era distinta per la velocità. Mia madre imparò l'inglese lavorando in fabbrica.

Un giorno qualcuno le rubò il **portafoglio** e lo stesso giorno il gabinetto si **tappò**. Il ladro aveva preso il denaro e si era liberato del portafoglio **gettandolo** nell'acqua della toilette. Mia madre riebbe il portafoglio ma non vide più i suoi soldi.

Lasciò la fabbrica Moirs nel 1955 quando nacque la nostra terza sorellina, Giovanna. Negli anni successivi ebbe altri tre figli. Quindi, tornò a lavorare nel 1967, nel negozio di abiti da uomo, Caldwell Brothers. Le aveva suggerito questo lavoro un amico di famiglia, Pietro, che prima di lasciarle il posto e andare in pensione, le insegnò tutto quello che avrebbe dovuto fare. Quando Caldwell Brothers fallì, mia madre andò a lavorare presso Tip Top Tailors come direttrice della sartoria. Lì si conquistò la **stima** di tutti perché, quando interveniva per consigliare i clienti che stavano misurando un abito, riusciva a fargliene acquistare due o tre in più, con grande gioia degli impiegati che erano **retribuiti** in base alle vendite.

Mia madre raggiungeva a piedi il negozio impiegando 30 minuti per andare e 30 per tornare. Lavorò presso Tip Top fino a 1992, quando finalmente andò in pensione per prendersi cura di mio padre e godere insieme a lui gli ultimi anni della loro vita. A mia madre piaceva molto vestire il marito con i migliori abiti di Tip Top perché era molto orgogliosa del suo bel portamento e voleva che fosse sempre elegante.

Mio padre morì il 29 novembre 2003.

Rimasta sola, mia madre continuò a trascorrere molto tempo nel suo giardino che aveva anche una parte coltivata a orto. Ogni anno regalava a ognuno di noi figli una **treccia di agli** di sua produzione. Amava moltissimo anche la cucina, è lei che ha insegnato a tutti i nipoti come fare la pasta a mano, le zuppe, e i dolci, soprattutto le pizzelle. Queste, che sono il dolce tradizionale abruzzese, le cuoceva in due modi diversi: con la macchinetta elettrica faceva il tipo tondo (ne poteva cuocere due per volta), con uno speciale ferro che si faceva scaldare sulla stufa, realizzava quelle rettangolari (ne poteva cuocere una sola per volta).

Confezionava ad uncinetto o con i ferri i regali per molti bambini: scarpette, magliette e cappellini.

Nei momenti liberi frequentava molto volentieri un **Circolo italiano** molto attivo. Nei giorni festivi il club organizzava cene alle quali partecipava l'intera comunità italiana di Halifax per godere del buon cibo e divertirsi con il ballo. Mia madre amava molto cucinare in compagnia di tutte le altre signore.

Gli uomini insegnavano il gioco delle bocce e organizzavano le partite di **tombola** dove si vinceva facendo **ambo** (due numeri insieme), **terno** (tre numeri), **quaterna** (quattro numeri), **cinquina** (cinque numeri) e infine tombola quando si erano coperti tutti i numeri della cartella.

Mia madre morì il 9 maggio 2012.

·» MOM THE WORKER «·

My mother, Maria, was born April 24, 1922. She was the first of four children. Her mother, Nonna Giuseppa, taught her to weave, crochet, and knit at an early age. Maria would make booties and sweaters for newborn babies to sell on market day.

Maria helped Salvatore, her father, at the water distribution area.

Her father taught her how to prune the grapes and the trees, how to till the land, and how to seed and fertilize the fields. When her father was sick, she would take over.

She married Giuseppe in 1942. He was 12 years older than her. When Papa left for Canada in 1949, Mamma took care of the vineyards, the fields of grain, and also my sister and me. I can remember going to the fields and pulling the poppies that were considered weeds between the rows of wheat. She had learned how to do smocking and embroidery from her mother. We always had homemade clothes with her embellishing touches. She would even make our summer canvas shoes by using soles of leather or rubber, and canvas for the top. They were good for summer, but I used to like going barefoot.

Mom would take us to the daycare run by the sisters. I learned embroidery there. While we were at school, she would work the planted fields.

When Mom came to Canada in 1953, Felicia and I were in school, so Mom found a job at Moirs, the big chocolate factory in Halifax. She was a piece worker, bagging the chocolates. The more she bagged, the more money her group would make. Many of the workers wanted Maria as their team member because she worked quickly. Mom learned English there. One day someone stole her wallet. She told the boss, and the same day the bathroom clogged up. Someone had stolen Mom's wallet, taken the money and flushed the wallet down the toilet. Mom got her wallet back but not the money.

Mom left Moirs in 1955 when Giovanna was born. Then three more children came. In 1967 mom went to work for Caldwell Brothers, a men's shop. Pietro, a tailor, worked there and got her the job. He taught Mom everything about men's tailoring. Pietro taught her well and then retired. Caldwell Brothers went out of business, so Mom was hired by Tip Top Tailor as their top tailor. The salesmen there liked Mom because customers would request that Maria come to tailor their clothes. They often bought two or three suits. The salesmen were working on commission and loved that Mom got them sales. Mom would walk to and from work. It took her 30 minutes each way. Mom worked at Tip Top Tailors until 1992. She retired to take care of Papa and enjoy retirement with him. She loved having Papa wear the best suits that Tip Top had. She was always proud of the way he looked.

Papa left us November 29, 2003.

Then Mom spent more time in the kitchen and had a great garden. She made garlic braids for each of us. She taught many grandchildren to make homemade spaghetti, soups, sweets, and pizzelle. She made two kinds of pizzelle. The round ones were made on an electric iron two at a time. The rectangular ones were made on an iron on top of the cooktop, one at a time.

She knitted and crocheted gifts, such as booties for children, sweaters, and little hats.

There was an Italian Club that was very active. It would offer suppers on feast days. The Halifax community would come to enjoy the food and dancing. Mom was always there cooking with many others. It was always lots of fun. The men would teach the children Bocce and also would have games of Tombola with ambe, two numbers together; terzina, three numbers together; quaterna, four numbers together; cinquina, five numbers together; and Tombola, all numbers covered.

Mom left us May 9, 2012.

VOCABOLARIO
Mamma la lavoratrice

abbellimenti: embellished
ammalato: sick
a piedi nudi: barefoot
appositi: specific
circolo italiano: Italian club
commessi: sales clerk
efficace: efficiently
ferri: knitting needles
gettandolo: throwing it
gomma: rubber
magliette: sweaters
maniera: manner
mansione: task
nido d'ape: smocking
papaveri: poppies
portafoglio: wallet
potare: trim

retribuiti: paid
riempire: to fill
scarpette: booties
seminati: planted
stima: respect
suola di cuoio: leather sole
tappò: plug
tela: canvas
tessere: to weave
tomaia: upper
tombola: full card
ambo (2)
terno (3)
quaterna (4)
cinquina (5)
treccia d'aglio: garlic braids
uncinetto: crochet

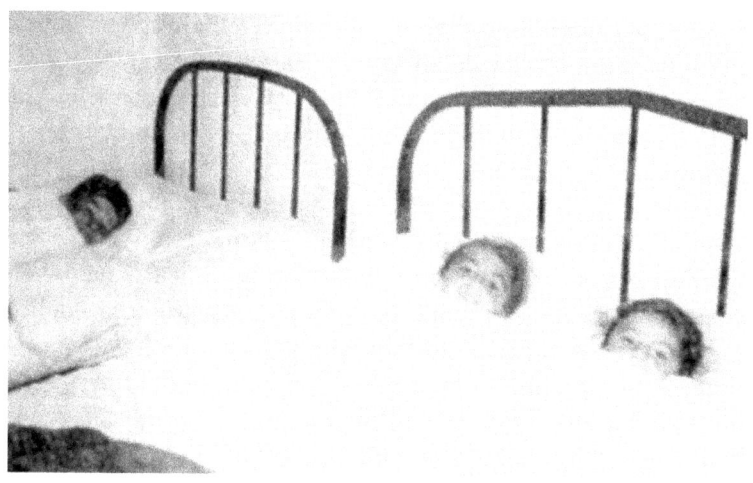

⇥ 12. IL NOSTRO PRIMO VIAGGIO ⇤

NEL maggio del 1965 **progettammo** di fare il nostro primo viaggio attraverso il Canada per far visita ai **parenti** dei miei genitori. Mio cugino Enrico Presutti e la sua famiglia vivevano a Brighton, Ontario; sua sorella Mary e suo marito, Jim Lettner, a Almonte, Ontario; Salvatore Santilli con la sua famiglia ad Hamilton; suo fratello Erminio Santilli con i suoi a Buffalo, New York. Avremmo usato la nostra macchina, una Chevrolet Bel Air del 1963, che era **abbastanza** grande per noi sette.

Prima di partire **trascorremmo** molti giorni nell'organizzazione della vacanza, e in particolare fu molto impegnativa la **razionalizzazione** dei bagagli. Fu deciso di condividere le valigie, perciò a ciascuno di noi sarebbe spettata mezza **valigia** e una borsa grande, i più piccoli potevano portare un solo giocattolo da tenere in mano.

Io in quel periodo frequentavo l'Università di Mt. St. Vincent e avevo la patente di guida, perciò sarei stata la copilota di mio padre. Siamo partiti alle 9:00 del primo luglio 1965. Il giorno era bellissimo, era Natal Day, festa nazionale per il Canada.

Venanzio, Anna ed Elena si sistemarono per la notte. / Vincent, Anna, and Elena settled in for the night.

Avevamo attraversato la Nuova Scozia ed eravamo appena entrati in New Brunswick quando **all'improvviso**, vicino la città di Moncton, **scoppiò** una **ruota** della macchina e finimmo dentro un fossato. Fortunatamente nessuno di noi rimase **ferito** e ringraziammo Dio per questo miracolo. Appena uscimmo sulla strada, la prima macchina che passava si fermò e il proprietario, Pierre, si offrì di aiutarci. Fu deciso che andassi io con lui all'officina più vicina. In questa regione del New Brunswick si parlava soltanto francese, lingua che io non conoscevo, ma Pierre, che abitava nella zona, spiegò al meccanico quello che era successo. Prima di partire col meccanico nel suo **carroattrezzi**, ringraziai moltissimo Pierre. Il carroattrezzi tirò fuori la nostra macchina dal **fosso**, quindi il meccanico sostituì la ruota **sgonfia** con quella di **scorta** e ci condusse alla sua officina per controllare l'aria in tutte le gomme.

Verso le 2:00 del pomeriggio riprendemmo la strada per continuare il nostro viaggio. La prima **tappa** fu Bangor nel Maine. Il secondo giorno arrivammo a Brighton dove viveva Enrico con la sua famiglia. Ci ospitarono in una loro casetta vicino al lago e trascorremmo lì quattro giorni molto **rilassanti**. La tappa successiva ci portò a casa di Mary e Jim, ad Almonte. Quindi facemmo un percorso lungo per far visita a Salvatore, ad Hamilton. Con lui e la sua famiglia raggiungemmo le Cascate del Niagara.

Dopo quello spettacolo **mozzafiato**, continuammo il nostro percorso fino a raggiungere Erminio e la sua famiglia. Insieme con loro trascorremmo altri giorni meravigliosi. Durante tutto il viaggio tutti ci avevano accolto e accompagnato a visitare i luoghi più belli, più famosi e **storici** delle loro città. Noi ragazzi apprezzammo tutto e ci divertimmo molto ma soprattutto fummo felici di fare la conoscenza di parenti che non avevamo mai visto prima e di stringere amicizia con i loro figli.

Il ritorno fu più facile perché **passammo** per gli Stati di New York e Vermont, quindi facemmo un'ultima tappa a Scarborough, Maine, per incontrare i genitori del mio fidanzato Don. Con loro trascorremmo una giornata molto divertente all'Old Orchard Beach e infine Don ritornò con noi ad Halifax per continuare i suoi studi all'Università di Saint Mary nella nostra città.

Questo nostro primo viaggio fu bellissimo e ne conservo un **ottimo** ricordo.

⇝ OUR FIRST ROAD TRIP AND VACATION ⇜

In May 1965 we began planning our first family auto trip across Canada to visit relatives of Mom and Dad: Henry Presutti and his family in Brighton, Ontario, his sister Mary and her husband, Jim Lettner, in Almonte, Ontario, Salvatore Santilli in Hamilton with his family, and his brother, Erminio, and family in Buffalo, New York. Our car was a 1963 Chevrolet Bel Air. It was big enough to take the seven of us on vacation.

Before leaving we spent many days preparing food for the trip. When we were packing, it was difficult because we each had to share a suitcase with someone else. Thus, we had half a suitcase, and a big bag. The little ones each took one toy to keep in their hands.

At this time, I was attending the University of Mount St. Vincent and had my driver's license. Therefore, I could be my father's copilot. We left at 9:00 a.m. on the first of July 1965. The day was truly beautiful. It was Natal Day, a Canadian national holiday.

We crossed Nova Scotia and had just entered New Brunswick when all of a sudden near the city of Moncton a tire burst, and we went into a ditch. Fortunately, no one was hurt, and we thanked God for this miracle. Immediately after we got out, the first car that came by stopped. The owner, Pierre, offered to help us. It was decided that I would go with him to a nearby garage. Pierre lived in the area and spoke only French, but he knew what we needed. In this region of New Brunswick only French, which I did not know, was spoken. Pierre explained everything to the mechanic. Before I left with the mechanic in his tow truck, I thanked Pierre very much. The tow truck pulled our car from the ditch. Then the mechanic replaced the flat tire with the spare tire, and he led us to his garage to check the air in all the tires.

By 2:00 in the afternoon we were on the road to continue our trip. The first stop was in Bangor, Maine. The second day we arrived in Brighton, where Henry and his family were. They hosted us at his house on a lake, and we spent four very relaxing days there. The next stop we spent with Mary and Jim in the city of Almonte. From there we drove a long way to visit Salvatore and his family in Hamilton. With him we visited Niagara Falls.

After that breathtaking site we continued our trip to reach Erminio and his family. Together with them we spent other marvelous days. During this trip all our relatives welcomed us and accompanied us to the most famous, beautiful and historic sites of their cities. We children had a good time meeting our relatives for the first time and became good friends with all of the children.

The return trip was easy because we went through the states of New York and Vermont. We made our last stop in Scarborough, Maine, to meet the parents of my fiancé, Don. With them we spent a very enjoyable day at Old Orchard Beach. Don returned with us to Halifax to continue his studies at St. Mary's University in our city. It was a good trip and a great memory

This first trip was wonderful, and I have fond memories of it.

VOCABOLARIO
Il nostro primo viaggio

abbastanza: enough
all'improvviso: all of a sudden
carroattrezzi: tow truck
ferito: hurt, injury
fosso: ditch
mozzafiato: breathtaking
ottimo: the best
parenti: relatives
passammo: we passed
progettammo: we planned

razionalizzazione: rationalization
rilassanti: relaxing
ruota: tire
scoppiò: exploded
scorta: spare
sgonfia: deflated
storici: historic
tappa: stop
trascorremmo: we spent
valigia: suitcase

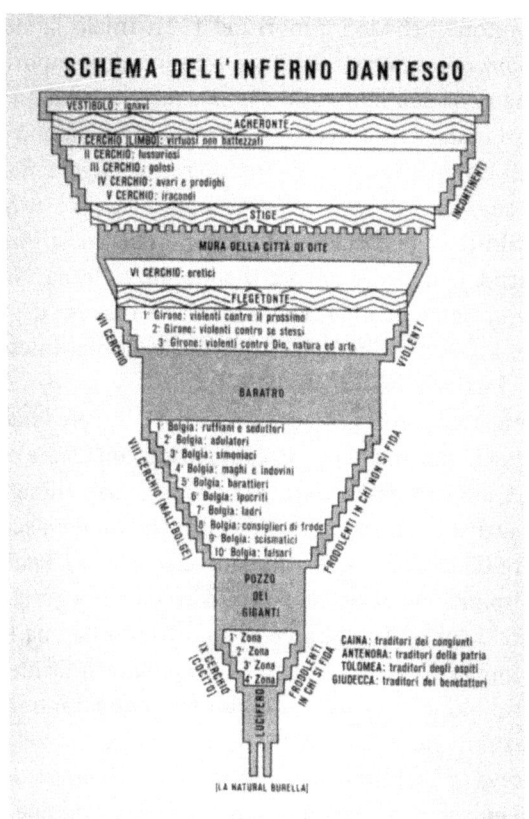

❖ 13. LE BIGLIE E *LA DIVINA COMMEDIA, INFERNO* ❖

Nel 1962 ho frequentato l'Università di Monte San Vincenzo ad Halifax dove ho conosciuto la mia professoressa di letteratura, Barbara Strong. Lei viveva a Summer Street, solo due isolati da casa mia. Barbara desiderava da sempre leggere *La Divina Commedia* in italiano, io avevo l'**esigenza** di **sbarazzarmi** del mio accento e migliorare la mia pronuncia inglese. Decidemmo allora di incontrarci una volta alla settimana per una lezione a casa sua. Lei avrebbe letto in italiano con il mio aiuto e io in inglese con la sua supervisione.

Dante nacque nel 1265 e morì nel 1321. Iniziò la **stesura** della *Divina Commedia* intorno al 1308 e terminò di comporla nel 1321 poco prima della sua morte. *La Commedia* fu da subito riprodotta in numerosi manoscritti, ma la prima edizione a stampa è datata 11 aprile 1472. Dante immaginò di **compiere** un viaggio, quando era a metà della sua vita, e di seguire un percorso allegorico attraverso i tre regni dell'**aldilà**. Il primo libro, *l'Inferno*, inizia nella notte e introduce l'Inferno. Qui Dante esplora la **sofferenza** eterna. Nel secondo, *il Purgatorio*, siamo all'**alba**, Dante descrive l'**ascesa** del **pentito**. Il terzo libro, *il Paradiso*, ha la luce del mezzogiorno, in esso il poeta sperimenta l'arrivo a Dio.

Insieme alla mia professoressa iniziammo a leggere *l'Inferno* prima in inglese poi in italiano. Il primo canto inizia con Dante che si perde nel bosco. Qui viene **assalito** da tre bestie su una collina insormontabile. Ma arriva in suo soccorso **Virgilio** che l'aiuta a **scavalcare** la collina. Virgilio è l'antico poeta romano che scrisse *L'Eneide*, poema di grande ispirazione per Dante. Dante immagina *Inferno* suddiviso in nove cerchi concentrici, ciascuno è **custodito** da una figura della mitologia romana o greca. Il primo a presentarsi a Dante è Caronte che nella mitologia greca è colui che **traghetta** l'anima destinata alla **dannazione** eterna attraverso il fiume Stige. Come pagamento Caronte riceve una moneta che viene **posata** nella bocca del dannato.

Il primo giorno della nostra lezione Barbara portò due **dadi**, delle **biglie** e un **cronometro**. Voleva che io provassi a leggere con un oggetto in bocca. Ho iniziato provando a leggere con un **dado**, ma era troppo difficile. Il dado aveva gli angoli e quindi non **rotolava** bene nella mia bocca. Ho provato poi con una biglia con un risultato decisamente migliore.

Barbara mi insegnava a leggere lentamente e io riuscivo a farlo facilmente perché non volevo **inghiottire** la biglia. Per arrivare a un risultato migliore usammo il cronometro; leggevo per cinque minuti con la biglia e poi per cinque minuti senza e, ovviamente, ero sempre più felice di leggere senza la biglia. Da parte mia, insegnavo a Barbara a pronunciare molto lentamente ogni consonante e vocale dell'italiano.

Dante e Virgilio continuano il loro viaggio. Dopo aver attraversato il fiume **Stige**, raggiungono il primo cerchio che è il Limbo. Qui trovano le anime dei non **battezzati**, dei **virtuosi** e dei **benigni**. Nel Limbo vive anche Virgilio, ed è qui che Beatrice lo aveva cercato per chiedergli di guidare Dante attraverso l'Inferno e il Purgatorio. I primi cinque cerchi dell'Inferno sono chiamati Superiori e vi vengono inflitte punizioni relativamente minori. Ogni cerchio raccoglie anime contraddistinte da un medesimo peccato: dopo il Limbo, troviamo il cerchio dei **Lussuriosi**, quindi dei **Golosi**, degli **Avidi**, e degli Iracondi. Scendendo più in basso in questa specie di **imbuto rovesciato** si arriva nell'Inferno Inferiore, dal sesto cerchio all'ottavo girone, dove sono punite le Eresie, le Violenze e la Frode. L'ultimo cerchio, il nono, ha quattro sezioni e Satana nel mezzo. Qui espiano le loro colpe i **Traditori** (fraudolenti contro chi si fida), divisi a seconda delle vittime del loro peccato: nella zona detta Caina, si trovano i traditori della famiglia; in Antenora (da Antenore che tradì la città di Troia) i traditori della patria; in Tolomea (da Tolomeo che uccise i suoi amici) i traditori degli ospiti; la quarta zona è chiamata Giudecca (da Giuda) ed è destinata ai traditori dei propri benefattori.

Durante il suo viaggio Dante si **scaglia** contro molti suoi **nemici** e colpisce coloro che lo hanno ferito durante la sua vita. Le anime infatti ricevono una punizione "divina" rispondente alla percezione che Dante ha del peccato e della giustizia, per esempio Dante considera molto più grave la **frode** rispetto alla violenza. Tutto *l'inferno* descrive a tinte forti grandissime, vere, umane **sofferenze**. Il tema del dolore è preannunciato nel terzo canto nel quale Dante e Virgilio, attraversando le porte dell'Inferno, leggono un'iscrizione divenuta famosissima per la sua **inesorabilità**: "Per me si va nella città dolente, per me si va nell'eterno dolore, per me si va tra la perduta gente . . . Lasciate ogni speranza, voi che entrate."

Nel canto finale Dante e Virgilio incontrano Lucifero imprigionato nel ghiaccio in fondo all'Inferno, al centro della terra. Scendono attraverso il corpo del **Demonio** e sbucano nell'altro emisfero. L'ultimo verso della Cantica recita "E quindi uscimmo a riveder le stelle." (canto XXXIV)

Un **detto** di un anonimo dice, "Stai attraversando l'inferno vai avanti!"

⋊ MARBLES AND *THE DIVINE COMEDY*: HELL ⋉

IN 1962 I attended Mount St. Vincent University in Halifax, where I met my literature teacher, Barbara Strong. She lived on Summer Street, just two blocks from my house. Barbara had always wanted to read *The Divine Comedy* in Italian. I wanted to get rid of my accent and improve my pronunciation, so we decided to meet once a week for a lesson at her house. She read Italian with my help, and I read English with her help.

Dante was born in 1265 and died in 1321. He began writing *The Divine Comedy* around 1308 and finished it in 1321 shortly before his death. The *Comedy* was immediately reproduced in numerous manuscripts, but the first printed edition is dated April 11, 1472. Dante imagined himself taking a journey when he was halfway through his life, following an allegorical path through the three realms of the afterlife. The first book *Inferno*, begins in the night and introduces us to Hell. Here Dante explores eternal suffering. In the second book, *Purgatory*, we are at dawn, and Dante describes the ascent of the repentant. The third book, *Paradise*, has the light of midday, in which the poet experiences the ascent to God.

Together my teacher and I began reading the *Inferno*, first in English and then in Italian. The first canto begins with Dante getting lost in the woods. Here he is attacked by three beasts on an insurmountable hill. But Virgil comes to his rescue and helps him climb over the hill. Virgil is the ancient Roman poet who wrote the *Aeneid*, a poem of great inspiration for Dante. Dante imagines Hell divided into nine concentric circles, each guarded by a figure from Roman or Greek mythology. The first to appear to Dante is Charon, who in Greek mythology is the one who ferries the soul destined for eternal damnation across the river Styx. As payment, Charon receives a coin that is placed in the mouth of the damned.

On the first day of our lesson, Barbara brought two dice, some marbles, and a timer. She wanted me to read with an object in my mouth. I tried reading with a die, but it was too hard. It had corners so it didn't roll well in my mouth. I tried reading with a marble and it was much better.

Barbara taught me to read slowly and I could do it easily because I didn't want to swallow the marble. To get a better result we used the stopwatch; I read for five minutes with the marble and then for five minutes without and, of course, I was always happier reading without the marble. For my part, I taught Barbara to pronounce every consonant and vowel in Italian very slowly.

Dante and Virgil continue their journey. After crossing the river Styx, they reach the first circle, which is Limbo. Here they find the souls of the unbaptized, the virtuous, and the benign. Virgil also lives in Limbo, and it is here that Beatrice had sought him out to ask him to guide Dante through Hell and Purgatory. The first five circles of Hell are called Superior and relatively minor punishments are inflicted there. Each circle gathers souls characterized by the same sin: after Limbo, we find the circle of the Lustful, then of the Gluttonous, the Greedy, and the Wrathful. Going further down in this sort of inverted funnel, we arrive in the Lower Hell, from the sixth circle to the eighth where Heresies, Violence, and Fraud are punished. The last circle, the ninth, has four sections and Satan in the middle. Here the Traitors (fraudulent against those who trust) atone for their sins, divided according to the victims of their sin: in the area called Caina, there are the traitors of the family; in Antenora (from Antenor who betrayed the city of Troy) the traitors of the homeland; in Tolomea (from Ptolemy who killed his friends) the traitors of the guests; the fourth area is called Giudecca (from Judas) and is destined for the traitors of their benefactors.

During his journey Dante lashes out against many of his enemies and strikes those who have hurt him during his life. In fact, souls receive a "divine" punishment that corresponds to Dante's perception of sin and justice; for example, Dante considers fraud much more serious than violence. The entire Inferno describes in strong colors great, true, human suffering. The theme of pain is foreshadowed in the third canto in which Dante and Virgil, crossing the gates of Hell, read an inscription that has become very famous for its inexorability: "Through me you go into the city of sorrow, through me you go into eternal pain, through me you go among the lost people . . . Abandon all hope, ye who enter here."

In the final canto Dante and Virgil meet Lucifer imprisoned in the ice at the bottom of hell, at the center of the earth. They descend through the body of the Demon and emerge in the other hemisphere. The last verse of the Canticle says, "And then we came out to see the stars again." (canto XXXIV).

An anonymous saying is "If you are going through Hell, keep going."

VOCABOLARIO
Le biglie e La Divina Commedia, Inferno

alba: sunrise
assalito: attacked
ascesa: ascent
avidi: greedy
battezzati: baptized
benigni: benign
biglie: marbles
compiere: to accomplish
cronometro: stopwatch
custodito: guarded
dado/ dadi: die, dice
dannazione: damnation
dell'aldilà: the afterlife
Demonio: Devil, Lucifer, Satan
detto: saying
esigenza: need
frequentato: attended
frode: fraud
golosi: gluttons
imbuto rovesciato: inverted funnel

inesorabilità: unrelenting
Inferno: Hell
inghiottire: to swallow
ira: anger
L'Eneide: Aeneid, poem by Virgil
lussuriosi: lustful
nemici: enemies
pentito: repentant
posata: placed
rotolava: rolled
sbarazzarmi: get rid of
scaglia: lashes out
scavalcare: to climb over
sofferenza: suffering
stesura: drafting
Stige: Styx
traditore: fraudulent
tradimento: betrayal
traghetta: ferry
Virgilio: Virgil, the poet
virtuosi: virtuous

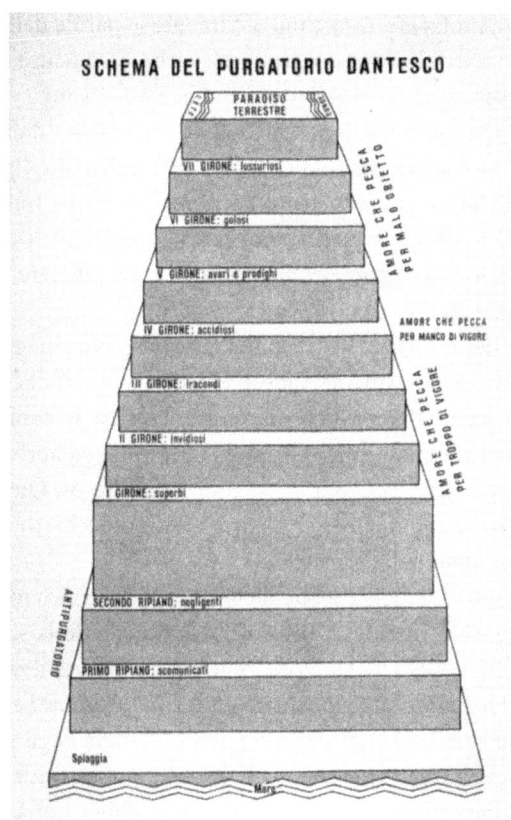

⋅⋗ 14. *LA DIVINA COMMEDIA,*
PURGATORIO ⋖⋅

PRIMA di iniziare a leggere il *Purgatorio*, Barbara aveva trovato il modo di mettere sulla biglia un materiale **ruvido** in modo che non **risultasse** così **liscia**. Io mi mettevo in bocca ogni mezz'ora una nuova biglia con la superficie ruvida ma, nonostante ciò, continuavo a leggere e parlare con il mio accento italiano. Barbara decise allora di mettere quattro **striscioline** di velcro, di recente invenzione, attorno la biglia. Provai questo nuovo esperimento e trovai che era più accettabile. La biglia grezza mi faceva uscire più facilmente le parole dalla bocca ma la dizione era **migliorata** pochissimo. Barbara concluse che con un maggiore esercizio il mio accento si sarebbe **attenuato**.

Così entrammo nel Purgatorio. Dante era passato dalle porte del Purgatorio attraverso un sogno. Al suo **risveglio** Virgilio gli aveva spiegato che Santa Lucia lo aveva condotto fin lì mentre era **addormentato**. Era l'**alba** e si vedeva **sorgere** il sole dietro il Purgatorio, un monte in forma di cono tronco che si **ergeva** sul mare, unica terra nell'emisfero **australe**.

Custode del Purgatorio è Catone l'**Uticense**, personaggio romano del I sec. A.C., morto suicida. Questi chiede a Virgilio di compiere un rito di purificazione prima di procedere nell'ascesa del monte. Virgilio **strappa** una canna di **giunco**, simbolo di umiltà, dalla riva del mare, e il ramo appena strappato immediatamente rinasce. Quindi **cinge** i fianchi di Dante con il giunco e gli lava il viso **macchiato** di lacrime e sporco dal viaggio nell'Inferno.

Il Purgatorio è il luogo nel quale lo spirito si purifica mentre sale e si rende degno di entrare in Paradiso, raggiungendo la sanità necessaria per entrare nella gioia del cielo. Alla base del monte si trova una spiaggia nella quale Dante incontra i morti **scomunicati** e poi pentiti. Segue una prima balza del terreno dove si imbatte negli spiriti pigri, quelli cioè che tardarono a pentirsi; quindi, una seconda balza dove incontra coloro che tardarono a pentirsi ed ebbero una morte violenta; infine, un luogo **ameno** che Dante chiama Valletta fiorita in cui si trovano i sovrani negligenti, quelli cioè che furono troppo **presi** dai propri interessi personali.

A questo punto si sale nel vero e proprio Purgatorio che è strutturato in sette Cornici nelle quali si **espiano** i sette peccati capitali: **superbia, invidia, ira, accidia, avarizia, gola, lussuria**.

Nell'ultima cornice Dante e Virgilio devono attraversare una cortina di fiamme. Quindi iniziano a salire la scala che conduce al Paradiso Terrestre.

Qui, il ciclo di purificazione di Dante viene completato con l'immersione prima nel fiume, Lete, che cancella il ricordo dei peccati commessi, quindi nel fiume, Eunoe, che **ripristina** il ricordo del bene compiuto nell'esistenza terrena. Matelda, una donna misteriosa e gioiosa che precede l'incontro con Beatrice, lo accoglie mentre Virgilio guarda.

Virgilio era sul gradino più alto e disse a Dante, "Il temporal foco e l'etterno veduto hai figlio; e se' venuto in parte dov'io per me più oltre non discerno." E Virgilio **sparisce**. (canto XXVII)

La scalata del monte è terminata e finalmente Dante vede Beatrice, la donna che ha amato fin dall'infanzia, colei che ha voluto che lui **compisse** questo **percorso** e che ora lo guiderà nel Paradiso. Dante è cresciuto spiritualmente nella sua ascesa dall'inferno al giardino dell'Eden, ora è curioso, ardente, emozionato e la bellezza di Beatrice lo attira verso la ricompensa finale.

❧ *THE DIVINE COMEDY: PURGATORY* ❧

BEFORE starting to read "*Purgatory*," Barbara found a way to put a rough material on the marble so that it would not be so smooth. I put a new marble with a rough surface in my mouth every half hour, but despite this I continued to read and speak with my Italian accent. Barbara then decided to put four recently invented strips of Velcro around the marble. I tried this new experiment and found it more acceptable. The rough marble made the words come out of my mouth more easily, but my diction improved very little. Barbara concluded that with more practice my accent would soften.

Thus, we enter Purgatory. Dante has passed through the gates of Purgatory through a dream. When he wakes up, Virgil explains to him that Saint Lucia has led him there while he was asleep. It is dawn and one can see the sun rising behind Purgatory, a mountain in the shape of a truncated cone, which rises above the sea, the only land in the southern hemisphere.

The custodian of Purgatory is Cato the Younger, a Roman figure from the 1st century A.D., who committed suicide. He asks Virgil to perform a purification rite before proceeding with the ascent of the mountain. Virgil tears a reed cane, a symbol of humility, from the seashore, and the newly torn branch is immediately reborn. He then encircles Dante's hips with the rush and washes his face, stained with tears and dirty from the journey to Hell.

Purgatory is the place in which the spirit is purified as it rises and becomes worthy of entering Heaven, reaching the healthy state necessary to enter the joy of heaven. At the base of the mountain there is a beach where Dante meets the excommunicated and then repentant dead. There follows a first crag of the terrain where he comes across the lazy spirits, that is, those who were slow to repent; then a second crag where he meets those who were slow to repent and had a violent death; and finally, a pleasant place that Dante calls Valletta Fioretta, where the negligent sovereigns are found; that is, those who were too busy with their own personal interests.

At this point we ascend into the actual Purgatory, which is structured into seven Frames in which the seven deadly sins are atoned for: Pride, Envy, Anger, Sloth, Greed, Gluttony, and Lust. In the last frame, Dante and Virgil have to pass through a curtain of flames and then start climbing the ladder that leads to Earthly Paradise.

Here, Dante's purification cycle is completed with immersion first in the river, Lethe, which erases the memory of the sins committed, then in the river, Eunoe, which restores the memory of the good done in earthly existence. Matilda, a mysterious and joyful woman, who preceded the meeting with Beatrice, welcomes him while Virgil looks on.

Virgil is on the top step and says to Dante, "You have seen the temporal fire and the eternal fire; and it has come to a place where I cannot discern further for myself." And Virgil disappears. (canto XXVII)

The climb of the mountain is finished, and Dante finally sees Beatrice, the woman he has loved since childhood, the one who wanted him to complete this journey and who will now guide him into Paradise. Dante has grown spiritually in his ascent from hell to the garden of Eden, and now he is curious, ardent, excited, and Beatrice's beauty lures him towards the final reward.

VOCABOLARIO
La Divina Commedia, Purgatorio

accidia: sloth	attenuato: soften
addormentato: asleep	ameno: pleasant
alba: sunrise	australe: southern

avarizia: avarice
cinge: girdled
compisse: completed
ergeva: rising
espiano: they atone
giunco: rush, a weed
gola: gluttony
invidia: envy
ira: anger
liscia: smooth
lussuria: lust
macchiato: stained
migliorata: improved
nonostante: nevertheless

percorso: path
presi: busy
ripristina: restore
risultasse: it turned out
risveglio: awakening
ruvido: coarse
scomunicati: excommunicated
sorgere: to rise
sparisce: disappears
strappa: tore
striscioline: little strips
superbia: pride
Uticense: Younger

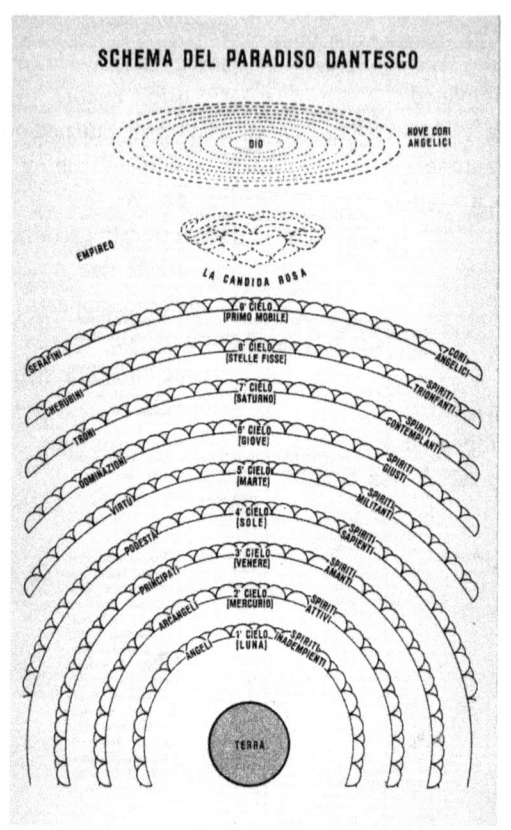

❖ 15. *LA DIVINA COMMEDIA: PARADISO* ❖

B ARBARA si stava **sforzando** molto di eliminare il mio accento. Prima di iniziare a leggere l'ultimo libro, *Il Paradiso*, **ricoprì** di vasellina i bastoncini di cotone avuti dal suo dentista per renderli impermeabili e me li mise in bocca su **entrambi** i lati tra i denti e le **guance,** dicendo che l'**umidita** e lo spazio allargato mi avrebbero aiutato a eliminare il mio accento. Quando mi mise in bocca anche la biglia grezza, avevo davvero una **faccia grassa**. All'inizio emettevo una voce che sembrava **registrata**. Barbara mi incoraggiò ad andare avanti. Volli provare a leggere per cinque minuti molto lentamente con gli articoli e poi molto più velocemente senza.

Iniziammo la lettura del terzo libro, *Paradiso*. La cantica si apre con l'invocazione di Dante ad Apollo e alle muse. Quindi Dante e Beatrice, che **simboleggia** la teologia, salgono dal Paradiso Terrestre al Paradiso Celeste che, riprendendo la teoria tolemaica, è costituito da nove sfere concentriche. Qui **dimorano** Dio, gli angeli, i santi e i beati che tutti insieme costituiscono la Candida Rosa.

La struttura del Paradiso è costituita da nove sfere che prendono nome dai pianeti. In ciascun cielo si trovano i beati e le intelligenze angeliche che muovono i cieli:

1. Luna, Angeli, spiriti **inadempienti**
2. Mercurio, Arcangeli, spiriti attivi
3. Venere, Principati, spiriti amanti
4. Sole, Potestà, spiriti sapienti
5. Marte, Virtù, spiriti militanti
6. Giove, Dominazioni, spiriti giusti
7. Saturno, Troni, spiriti contemplanti
8. Stelle Fisse, Cherubini, spiriti trionfanti
9. Primo Mobile, Serafini, cori angelici

I beati sono associati allegoricamente da Dante ai nove livelli della **gerarchia** angelica. Le prime sette sfere trattano delle sette virtù cardinali: prudenza, giustizia, temperanza, fortezza, fede, speranza, e carità.

Nella sfera della Luna Dante riconosce tra gli altri Piccarda Donati, la sorella del suo amico, Forese Donati e la regina di Sicilia Costanza d'Altavilla. Nella seconda sfera, Mercurio, le anime di coloro che sono stati giusti e virtuosi durante la loro vita ed erano guidati dall'ambizione. La terza sfera, Venere, è la dimora degli spiriti amanti che si sono **guadagnati** il Paradiso per il loro amore per Dio e per la loro umiltà. Nella quarta sfera del Sole, gli spiriti dei saggi danzano e cantano in triplice corona, tra loro Dante riconosce San Tomaso d'Aquino. La quinta sfera, Marte, è la dimora dei Santi **guerrieri** che sono disposti nella forma di una croce. Qui Dante incontra Carlo Magno e il proprio bisnonno, Cacciaguida ucciso nella seconda Crociata, che gli preannuncia il suo imminente esilio da Firenze.

Nella sesta sfera di Giove, le anime dei sovrani giusti cantano volando in forma di lettere e compongono la frase latina: *Diligite iustitiam qui iudicatis terram*. Poi formano un'aquila gigante che parla a Dante della Divina Giustizia. Qui si trovano fra gli altri re biblici come Davide.

Nella settima sfera di Saturno, Dante incontra gli spiriti delle persone che hanno dedicato la loro vita alla preghiera e si muovono lungo una scala d'oro. San Benedetto rivela a Dante che la scala arriva all'Empireo.

Arrivando all'ottava sfera delle stelle fisse nella costellazione dei Gemelli, Dante e Beatrice vedono la Vergine Maria e altri santi, tra cui gli apostoli, Pietro, Giovanni, e Giacomo. Dante è **messo alla prova** da loro sulla fede, l'amore, e la speranza.

La nona sfera del Primo Mobile è l'ultima sfera del Paradiso fisico e conduce all'Empireo che è al di là dello spazio e del tempo. A guidare Dante ora è San Bernardo, teologo mariano, che dovrà completare l'insegnamento di Beatrice nel percorso di fede e intercederà presso la Vergine per permettere a Dante di contemplare la visione del Sommo Bene. Si arriva all'ultima tappa del lungo viaggio: Dante si trova nell'Empireo, luogo eterno, infinito, di pura luce e amore lì è abbagliato da una luce intensa, vede Dio, il trionfo assoluto del Bene. Nella profonda essenza della luce divina ha la percezione della Trinità quando gli appaiono tre cerchi di colori diversi e di uguali dimensioni.

Il poema di Dante si conclude con la dichiarazione del completo appagamento del desiderio di conoscenza. È Il punto finale del percorso dopo il quale il poeta non può che tornare alla dimensione dell'umano. **Chiuso il cerchio**, uscirà trasformato e cercherà con le sue parole di **condurre** gli altri alla stessa unità con Dio. I versi finali del canto sono dedicati all'istante in cui Dante, grazie all'intercessione della grazia divina, comprende e penetra completamente la luce divina. Una volta compreso profondamente il vero, la visione scompare e termina il canto nell'armonia de "l'amor che move il sole e l'altre stelle" (canto XXXIII).

La Divina Commedia è un poema allegorico didascalico, scritto in dialetto fiorentino. L'opera è universalmente ritenuta una delle più grandi della letteratura di tutti i tempi, nonché una delle più importanti testimonianze della cultura medioevale tanto da essere conosciuta e studiata in tutto il mondo.

Così terminammo di leggere quest'opera tanto importante con grande soddisfazione mia e di Barbara ma, nonostante gli espedienti di Barbara e i miei sforzi, dovemmo constatare che avevo mantenuto il mio accento. Da quella esperienza ho però maturato una convinzione: non userò mai più biglie, bastoncini di cotone o altro accorgimento per migliorare la mia dizione, perché ora sono contenta del modo in cui parlo! Inoltre, la lettura lenta e attenta di questo capolavoro mi ha fatto approfondire la conoscenza di Dante e al tempo stesso ha fatto nascere una grande amicizia tra me e Barbara, amicizia che si è conservata negli anni successivi.

THE DIVINE COMEDY: PARADISE

BARBARA was trying very hard to get rid of my accent. Before she started reading the last book, *Paradise*, she coated the cotton logs she had obtained from her dentist with Vaseline to make them waterproof. I put them in my mouth on both sides between my teeth and cheeks. She said the humidity and enlarged space would help eliminate my accent. When I put these logs and the roughened marble in my mouth, I had a really fat face. At first, I sounded like a recorded voice. Barbara encouraged me to keep going. I would try to read slowly for five minutes with the articles and then much faster without them.

We started the third book, *Paradise*. It opens with Dante's invocation to Apollo and the muses. Dante and Beatrice, who symbolize theology, ascend from the Earthly Paradise to the Heavenly Sky, Paradise, which has nine concentric spheres. Here dwell the earthly of God: the angels, the saints and the blessed. These are together in the huge heavenly rose.

The structure of Heaven is made up of nine spheres that take their names from the planets. In each heaven are the blessed and the angelic intelligences that move the heavens:

1. Moon, Angels, defaulting spirits
2. Mercury, Archangels, active spirits
3. Venus, Principalities, loving spirits
4. Sun, Powers, wise spirits
5. Mars, Virtues, militant spirits
6. Jupiter, Dominations, just spirits
7. Saturn, Thrones, contemplating spirits
8. Fixed Stars, Cherubim, triumphant spirits
9. Primum Mobile, Seraphim, angelic choirs

The blessed are allegorically associated by Dante with the nine levels of angelic hierarchy. The first seven spheres deal with the seven cardinal virtues: Prudence, Justice, Temperance, Fortitude, Faith, Hope, and Charity.

The first sphere is the Moon. Here Dante sees Piccarda Donati, the sister of his friend, Forese Donati. Here he also sees Queen Constanza of Sicily. The second sphere was Mercury with the souls of those who were just and virtuous during their lives and were driven by ambition. The third sphere was Venus, where lovers dwell who earned Paradise through their love for God and their humility. The fourth sphere was the Sun, which has the souls surrounded by a crown composed of 12 wise souls, among whom is Saint Thomas Aquinas. The fifth sphere was Mars, home of the warrior Saints whose souls form the shape of a cross. Here Dante meets Charlemagne and his great-grandfather, Cacciaguida, killed in the Second Crusade, who foretells his imminent exile from Florence.

The sixth sphere of the sky is Jupiter. Here live the souls of the righteous sovereigns who write in Latin: *Cherish justice you who judge the earth*. Then they formed a giant eagle that speaks to Dante about Divine Justice. Here were biblical kings like David.

The seventh sphere is Saturn. Dante meets the spirits of people who have dedicated their lives to prayer and are climbing and descending a golden staircase. Saint Benedict tells Dante that the ladder is reaching the Empyrean. Dante also meets San Pietro Damiano.

The eighth sphere are the fixed stars in the constellation Gemini. Here Dante and Beatrice see the Virgin Mary and many others, including the apostles, Peter, John, and James. Dante is tested by them on faith, love, and hope.

The ninth sphere of the Primum Mobile is the last sphere of the physical Paradise and leads to the Empyrean, which is beyond space and time. Dante is now guided by Saint Bernard, a Marian theologian, who will have to complete Beatrice's teaching in the path of faith and will intercede with the Virgin to allow Dante to contemplate the vision of the Supreme Good. We arrive at the last stage of the long journey: Dante is in the Empyrean, an eternal, infinite place of pure light and love; there he is dazzled by an intense light. He sees God, the absolute triumph of Good. In the profound essence of the divine light, he has the perception of the Trinity when three circles of different colors and equal dimensions appear to him.

Dante's poem ends with the declaration of the complete satisfaction of the desire for knowledge. It is the final point of the journey after which the poet can only return to the human dimension. Once the circle is closed, he will emerge transformed and will try with his words to lead others to the same unity with God. The final verses of the canto are dedicated to the moment in which Dante, thanks to the intercession of divine grace, understands and completely penetrates the divine light. Once he has deeply understood the truth, the vision disappears and the canto ends in the harmony of "the love that moves the sun and the other stars." (canto XXXIII)

The Divine Comedy is an allegorical didactic poem, written in Florentine dialect. The work is universally considered one of the greatest literary works of all time, as well as one of the most important testimonies of medieval culture so much so that it is known and studied throughout the world.

Thus, we finished reading this very important work with great satisfaction from Barbara and myself but, despite Barbara's expedients and my efforts, we had to note that I had kept my accent. From that experience, however, I have developed a conviction: I will never use marbles, cotton logs or any other device to improve my diction again, because now I am happy with the way I speak! Furthermore, the slow and careful reading of this masterpiece has made me deepen my knowledge of Dante and at the same time has given birth to a great friendship between Barbara and me, a friendship that has lasted in the years that followed.

VOCABOLARIO
La Divina Commedia: Paradiso

allargato: enlarged
bontà: goodness
bastoncini di cotone: cotton logs
composta: composed
condurre: drive
dimorano: they dwell
distolti: diverted
entrambi: both
esso: it
faccia grassa: fat face
gerarchia: hierarchy
grezza: roughened
guadagnati: earned
guance: cheeks
guerrieri: warriors
Ha chiuso il cerchio.: He closed the circle.
inadempienti: defaulters
malvagia: evil
messo alla prova: put to the test
registrata: recorded
renderli impermeabili: make them waterproof
ricoprì: covered
riprendendo: resuming
sagge: wise
sforzando: trying
simboleggiano: they symbolize
umidità: humidity
vasta gamma: wide range

❧ 16. GIOVANNA VICTORIA SANTILLI ☙

La nostra famiglia ha **dato il benvenuto** a un nuovo membro, una sorellina, il 23 maggio 1955, era la prima dei quattro figli che sarebbero nati in Canada. Fu chiamata Giovanna come nostro nonno Giovanni e, poiché la sua nascita aveva coinciso con il Victoria day del Canada, le fu dato come secondo nome Victoria, in onore della regina d'Inghilterra.

Giovanna era una bambina molto attiva e io che avevo dodici anni aiutavo spesso mia madre nel suo accudimento. Piccolissima si **trascinava** ovunque; a nove mesi ha sorpreso tutti noi perché già

Giovanna è pronta per la sua Prima Comunione accompagnata da mamma, papà ed Anna. / *Giovanna is ready for her First Communion accompanied by Mamma, Papa, and Anna.*

camminava. Osservava con molta curiosità il mondo circostante, conosceva il posto di tutte le cose, si arrampicava sulle sedie della cucina fino al tavolo e da lì sul **bancone** per prendere il bicchiere e la **ciotola** della sua colazione. Ben presto aveva conosciuto e imparato molto più di quanto volevamo che sapesse. Se la mamma non riusciva a trovare qualcosa, interrogava Giovanna. Lei si metteva alla ricerca e sempre tornava con l'oggetto e una grande soddisfazione. Conosceva la casa così bene ed era così coraggiosa che siamo arrivati anche a mandarla a prendere patate e carote nel ripostiglio dello scantinato.

Sedici mesi dopo di lei nacque Anna Maria. Giovanna era già in grado di andare a prendere i pannolini e tutto ciò di cui la mamma aveva bisogno. Era veramente di grande aiuto per tutti!

Ogni domenica di sole la famiglia si spostava a quaranta minuti di macchina dalla nostra città di Halifax, verso il Lago di Cameron, dove avremmo fatto un bagno. Portavamo dei panini per pranzo e l'occorrente per fare il barbecue la sera. Non c'erano **spogliatoi** quindi indossavamo i costumi da bagno già da casa oppure ci cambiavamo in macchina. Giovanna era sempre sul bagnasciuga del lago e quando imparò a nuotare la vedevamo sul **galleggiante** lontano dalla riva. Amava così tanto l'acqua che i miei genitori la chiamavano il nostro pesce.

Un pomeriggio rimase in acqua fino all'ora di cena, quando salì sulla macchina per cambiarsi cominciò a urlare. Mia madre corse ad aiutarla e la trovò mentre cercava di **estrarre** un insetto nero e **soffice** che le si era conficcato tra l'**alluce** e il dito successivo. Era come un elastico che si allungava ma non potevi estrarlo. Mia madre andò a prendere del sale, lo mise sull'insetto e finalmente riuscì a tirarlo via. Lo riportò in acqua e quello subito diventò lungo e sottile mentre nel piede di mia sorella l'avevamo visto **grosso** e **cicciottello**. Giovanna era così traumatizzata che a cena non mangiò nulla. Nessuno di noi tornò in acqua quel giorno, mettemmo velocemente tutto il resto del picnic in macchina e ci dirigemmo verso casa.

L'insetto era una **sanguisuga** e la sua conoscenza fu un'**avventura indimenticabile** per tutti noi.

Molti anni dopo Giovanna diventò insegnante e in seguito preside nel sistema scolastico di Halifax. Si sposò ed ebbe due figli, Adam e Adrienne. Ora ha quattro nipoti che ama moltissimo. Le sue parole preferite sono "La vita è buona e bella."

❖ GIOVANNA VICTORIA SANTILLI ❖

Our family welcomed a new member, a little sister, on May 23, 1955, Victoria Day in Canada. She was the first of four children who would be born in Canada. She was named Giovanna after our grandfather Giovanni and, since her birth coincided with Victoria Day in Canada, she was given Victoria as a middle name, in honor of the Queen of England.

Giovanna was a very active child and I, twelve years old, often helped my mother with her care. Very small, Giovanna dragged herself everywhere. At nine months she surprised us all because she was already walking. She observed the world around her with great curiosity; she knew the place of everything; she climbed on the kitchen chairs to the table and from there on the counter to get the glass and the bowl for her breakfast. Soon she had known and learned much more than we wanted her to know. If our mother couldn't find something, she would ask Giovanna, who would start looking for it and always come back with the object and great satisfaction. She knew the house so well and was so brave that we even sent her to get potatoes and carrots in the storage room in the basement.

Sixteen months after her, Anna Maria was born. Giovanna was already able to get diapers and everything her mother needed. She was truly a great help to everyone!

The family went every sunny Sunday to swim at Cameron Lake, forty minutes from our city of Halifax. We would bring sandwiches for lunch and have a barbecue for dinner. There were no changing rooms, so we had to wear our bathing suits from home or change in the car. Giovanna was always by the lake. When she learned to swim, we could see her on the float away from the shore. She loved the water so much that Mom and Dad called her our fish.

One afternoon Giovanna stayed in the water until dinner time. She went up to change in the car, where we heard her screaming. Mom ran to help her. Giovanna was trying to pull out a soft black insect from between her big toe and the next one. She screamed that it was like a rubber band that stretched but she couldn't pull it out. Mom got some salt and put it on the bug. She managed to get it off and take it back to the water, where it became long and thin. On Giovanna it was big and chubby. It was a leech! Giovanna was so traumatized that at supper she didn't eat anything. We didn't go back into the water that day. We packed everything else from the picnic in the car and went home. It was an unforgettable adventure for all of us.

Many years later Giovanna became a teacher and later a principal in the Halifax school system. She married and had two children, Adam and Adrienne. Now she has four grandchildren that please her very much. Her favorite words are "Life is good and beautiful."

VOCABOLARIO
Giovanna Victoria Santilli

accolto: welcomed
alluce: toe
allungava: got longer
bancone: counter
bicchiere: glass
ciotola: bowl
dappertutto: everywhere
estrarre: to pull out
fredda cantina: root cellar
galleggiante: float
gattonava: crawled
grigliata: grilled
grosso: fat

indimenticabile: unforgettable
morbido: soft
paffuto: puffy
paratia: bulkhead
persino: even
raggiungere: to reach
riva: shore
saliva: went up
sanguisuga: leech
soffice: soft
sottile: thin
spogliatoi: changing rooms
urlare: to scream

❖ 17. ANNA MARIA SANTILLI ❖

Anna Maria è la seconda delle sorelle della nostra famiglia nate in Canada. Nacque il 6 settembre 1956. Aveva sempre le **guance rosee** ed era piccolina e bella. Si **graffiava** le guance continuamente e mia madre pur tagliandole spesso le **unghie** era costretta a metterle i **guantini** per proteggere la sua pelle delicata. Quando iniziò a camminare seguiva sempre la sorellina maggiore, Giovanna, quando non la trovava, chiedeva ripetutamente alla mamma "Dov'è Giovanna?"

Anna amava avere i **capelli raccolti in trecce**. Stava benissimo con le trecce.

Avevamo un piccolo cortile davanti e dietro la nostra casa. Tagliavamo l'erba con una **falciatrice a mano** senza motore. Il mio lavoro consisteva nel raccogliere l'erba in **mucchi**, quindi metterla nei barili in modo che diventasse **concime**. Anna amava saltare nell'erba tagliata

Anna Maria davanti a casa nostra in Almon Street. / Anna Maria in front of our house on Almon Street.

e **lanciarne** una **manciata** in aria sopra di lei. Diceva che le piaceva l'odore dell'erba e si copriva con i **ritagli falciati** senza considerare che avrebbero potuto contenere insetti. In una occasione si era super coperta con i ritagli e alla sera si lamentò per un forte dolore all'orecchio destro. Mia madre le portò la **sveglia** accanto all'orecchio e scoprì che non sentiva il **ticchettio**. Ormai si era fatto tardi e Anna si addormentò con questo dolore. Il giorno successivo si recarono all'ufficio del dottor Johnson sulla strada Quinpool. In quei giorni il dottore faceva visite **domiciliari**, ma per qualche motivo non gli era stato possibile venire a casa nostra. Quando il dottore visitò Anna, trovò il problema e tirò fuori dal suo orecchio lunghi ritagli d'erba. La bambina seguì con meraviglia questa operazione. Infine, il dottor Johnson le mise alcune **gocce** nell'orecchio che le permisero di tornare a sentire e le raccomandò di non giocare più con i ritagli d'erba e di non lanciarli in aria. Doveva limitarsi a godere dell'odore. Anna aveva avuto una bella lezione. Da quel momento in poi veniva fuori con il naso in aria e aspirava il profumo dell'erba senza mai più coprirsi dei ritagli.

Anna è ora una donna sposata, ha tre bellissime figlie e si diverte con i suoi nipotini. Il detto preferito di Anna è "Va tutto bene."

⋅❧ ANNA MARIA SANTILLI ☙⋅

Anna Maria was the second of our family born in Canada. She was born September 6, 1956. She always had rosy cheeks and was tiny and beautiful. She scratched her cheeks continually, so Mom cut her fingernails and had to put mittens on her to protect her delicate skin.

When Anna started walking, she always followed her big sister Giovanna. When Anna couldn't find her, she asked Mom continuously, "Where is Giovanna?"

Anna loved to have her hair in braids. It made her look great.

We had a small courtyard in front of and behind our house. We mowed the grass with a hand mower without an engine. My job was to collect grass in piles, which we put in barrels so that it became fertilizer. Anna loved to jump into the cut grass and throw a handful of grass in the air above her. She said she liked the smell of the grass, and she covered herself with the clippings without ever considering the bugs in the clippings. On one occasion, she was super covered in clippings and that evening was complaining that her right ear was in pain. Mom put the alarm clock next to her ear and discovered that Anna did not hear the ticking. By now it was already late, and Anna fell asleep with the pain. The next day they went to Doctor Johnson's office on Quinpool Road. In those days the doctor made house calls, but for some reason it was not possible for him to come to our house. When the doctor looked at her ear, he found the problem. He pulled some grass clippings out of her ear. Anna was surprised to see grass coming out of her ear. Doctor Johnson put a few drops in her ear, and she could hear again. The doctor told Anna not to play with the grass clippings and not to throw them in the air. She just had to enjoy the smell. Anna had learned a good lesson. From that moment on she came out with her nose in the air, and she smelled the grass. She never again covered herself with clippings.

Anna is married and has three beautiful daughters and is now enjoying her grandchildren. Anna's favorite saying is "All goes well."

VOCABOLARIO
Anna Maria Santilli

capelli raccolti in trecce: braided hair
concime: fertilizer
domiciliari: house calls
falciatrice a mano: hand mower
gocce: drops
graffiava: she scratched
guance rosee: rosy cheeks
guantini: little gloves
lanciare: to throw
manciata: handful
mucchi: piles
ripetutamente: repeatedly
ritagli falciati: cuttings
sveglia: alarm clock
ticchettio: tick-tock
unghie: fingernails

⋅⋙ 18. ELENA GIUSEPPINA ⋘⋅

Elena è nata il 17 agosto 1961. Essendo l'ultima dei bambini nati in Canada è stata **accudita** da quattro sorelle e un fratello. Non ha mai dovuto chiedere niente perché c'era sempre qualcuno che si prendeva cura di lei. Quando i nostri genitori andavano a trovare gli amici nel fine settimana, Elena andava sempre con loro e giocava con i loro bambini.

Io andavo spesso a fare una passeggiata al parco di Point Pleasant con il mio ragazzo, molte volte con i quattro piccolini. Ma quando

---

Elena davanti con Venanzio, Giovanna, e Papà in dietro / Elena in the foreground with Vincent, Giovanna, and Papa

andavamo soltanto con Elena, lei si metteva tra di noi e la tenevamo per mano. Le persone che incontravamo ci chiedevano spesso quanti anni avesse la nostra bella figlia. Ho sempre risposto che era la mia sorellina di cinque anni. Non ho mai pensato di **fingere** che fosse la mia bambina.

Insieme giocavamo sempre a palla nell'ampio **vialetto** di ingresso della casa e, con le bocce, nel prato sul retro. Era **consuetudine** uscire dopo cena a giocare fino a quando faceva **buio**. Nei giorni di pioggia giocavamo in casa con la **dama**, i giochi da tavolo, oppure con le carte.

Un giorno mi è capitato di portare Elena al supermercato con me e di perderla nel reparto delle **verdure**. Presto l'**altoparlante** ha annunciato che la sorella di Elena doveva recarsi al **banco di servizio**. Quando ci siamo incontrate, e l'ho presa in braccio, ero rossa dall'imbarazzo. Lei era molto felice di vedermi. Le ho detto che dovevamo comprare le gocce di cioccolato. Elena è subito corsa velocemente al reparto delle patatine dove non è riuscita a trovare patatine al cioccolato. Quando l'ho raggiunta, l'ho presa per mano e siamo andate al reparto delle forniture per la cucina per trovarle. Era sorpresa che si chiamassero gocce di cioccolato!

Nel 1965 mio padre aveva comprato un nuovo televisore, bianco e nero, e durante il giorno mostrava il **modello di prova**. Elena amava accenderlo nella sera quando venivano ospiti. Si sedeva e adorava guardare **qualunque** cosa fosse trasmessa. I suoi personaggi favoriti erano Howdy Doody, Lone Ranger, Roy Rogers, Tom and Jerry, and the Mickey Mouse Club.

Elena anni dopo si è diplomata come **tecnica di laboratorio** presso l'ospedale. Si è sposata con Clarence Talbot, un **arboricoltore** che aveva creato una **fiorente ditta** chiamata Tree Works. Elena ha sempre lavorato con Clarence come manager dell'ufficio. Hanno avuto tre figli, due maschi e una femmina. Il più grande, Geoffrey, è diventato anche lui un arboricoltore e lavora con il padre. Il secondo, Richard, ha conseguito la **laurea magistrale** della facoltà di **Informazione e Tecnologia** e lavora presso l'amministrazione dell'ospedale.

Alcune volte però aiuta suo padre alla ditta Tree Works utilizzando i computer dell'azienda per organizzare e monitorare la sua rete di lavoratori, camion e luoghi di lavoro. La terza figlia, Marisa, ha studiato da manager ma vuole intraprendere la carriera di poliziotta. Attualmente lavora in amministrazione con i suoi genitori.

La famiglia di Elena è molto unita perché tutti lavorano nella ditta Tree Works e ne sono molto orgogliosi.

❋ ELENA GIUSEPPINA ❋

ELENA was born on August 17, 1961, the last of the children born in Canada. She was cared for by her older four sisters and her brother who anticipated her every need. Someone always took care of her. When Mom and Dad visited their friends on weekends, Elena always went with them to play with the children.

I often went for a walk to Point Pleasant Park with my boyfriend. Many times, we took the four little ones. However, when we went with only Elena, she would walk between us holding our hands. People that we met often asked how old our beautiful daughter was. I always replied that she was my five-year-old little sister. I never thought about pretending she was my daughter.

We always played ball together in our large driveway and bocce in the back yard. It was customary to go outside after dinner and play until dark. On rainy days we played in the house with checkers, board games, or with cards.

One day I happened to take Elena to the supermarket with me, and I lost her in the vegetable aisle. Soon an announcement came over the loudspeaker that Elena's sister should come to the service counter. When we met, I took her in my arms. I was red with embarrassment. She was very happy to see me. I told her we had to buy chocolate chips. Elena quickly ran to the potato chip aisle where she was not able to find chocolate chips. When I reached her, I took her by the hand, and we went to the cooking supplies aisle to find them. She was surprised that they were called chocolate chips.

In 1965 Dad bought a new television, black and white, and during the day showed the test pattern. Elena loved to turn it on in the evening when guests came. She would sit and watch whatever was on. Howdy Doody, the Lone Ranger, Roy Rogers, Tom and Jerry, and The Mickey Mouse Club were her favorites.

Years later Elena graduated as a laboratory technician and worked at the hospital. She married Clarence Talbot, an arborist who started his own thriving company called Tree Works. Elena has always worked with Clarence as the office manager. They had three children, two boys and a girl. The oldest, Geoffrey, has become an arborist and works with his father. The second, Richard, graduated with a master's degree in information and technology and is employed by the hospital in administration. Sometimes however he works with his father at Tree Works using the computers in the business to organize and track his network of workers, trucks and the places where they are working. The third, Marisa, has become a manager and is now studying to be a police officer. Currently she works with her parents in the office. It's a close-knit family because they all work at Tree Works and are very proud of their company.

VOCABOLARIO
Elena Giuseppina

accudita: looked after well
altoparlante: loudspeaker
arboricoltore: arborist
banco di servizio: service desk
buio: dark
consuetudine: usually
dama: checkers
fingere: to pretend
fiorente ditta: thriving business

informazione e tecnologia: information and artificial intelligence (ITIA)
laurea magistrale: master's degree
modello di prova: test pattern
qualunque: whatever
tecnica di laboratorio: lab technician
verdure: vegetables
vialetto: driveway

⁂ 19. IL MIO FRATELLINO VENANZIO ⁂

Io ero la più grande dei bambini della famiglia pertanto avevo maggiori responsabilità e **lavoretti** da svolgere, rispetto agli altri. Ogni mattina, prima di alzarmi, sentivo dalla mia camera il mio **fratellino** Venanzio giocare rumorosamente in cucina con le pentole della mamma. Il suono che produceva era **insopportabile**. Il mio impegno era quello di prendermi cura di lui appena si alzava mentre mia madre seguiva le due ragazze più grandi.

Spesso facevamo **colazione** insieme in **pigiama**. Quando non mi alzavo **abbastanza presto**, Venanzio bussava alla mia camera e chiamava **urlando** il mio nome **finché** non aprivo la porta. Una mattina, però, aperta la porta mi trovai davanti un piccolo **pupazzo di neve**.

Venanzio e Papà / Vincent and Papa

Venanzio aveva trovato in fondo alla credenza della cucina il sacco di farina della mamma e ora la sua testa era completamente coperta di bianco. I suoi occhi azzurri erano l'unico colore che potevo distinguere. Tutto il suo corpo era completamente infarinato e la farina era **tutt'intorno** a lui. Ruotava continuamente la lingua intorno alla bocca, leccando via la farina e rivelando le sue labbra rosee. Il suo pigiama blu era completamente **imbrattato** cosicché non si vedevano più i cavallini disegnati sulla **tela**. E, non contento, continuava a **frugare** con le sue manine nel sacco per tirare fuori altra farina da **mettere addosso a me**.

Lo presi in braccio e lo portai direttamente nella vasca da bagno per **ripulirlo**. Poi andai a prendere l'**aspirapolvere** per pulire il pavimento e rimuovere le **impronte** che arrivavano fino alla credenza.

Dopo avere riposto l'aspirapolvere mi voltai per tornare indietro ma Venanzio saltò fuori dalla mia camera con la boccetta del mio profumo tra le sue piccole mani. Odorava fortemente del mio profumo a buon mercato, con calma mi feci riconsegnare la boccetta e finalmente facemmo la nostra solita colazione.

Alla fine della colazione mi preparai per la scuola, e Venanzio mi accompagnò alla **porta di uscita** lasciando ancora una **scia** di profumo. Mi misi la giacca, presi la borsa dei libri, e lo salutai **raccomandogli** di fare il buono. Una volta fuori guardai indietro verso la **finestra panoramica**. Lì c'era Venanzio che mi salutava con un grande sorriso.

Mentre camminavo verso la scuola, mi chiedevo come potesse fare mia madre a rimanere da sola non con uno, ma con tre bambini piccoli intorno a lei.

⋆ MY LITTLE BROTHER VENANZIO ⋆

I WAS the oldest child in the family and thus had more responsibilities and **chores** to do than the others. Every morning before I got up, I heard my little brother, Venanzio, playing noisily in the kitchen with

Mom's pots. The sound he made was unbearable. My job was to take care of him as soon as he got up while Mom took care of the two older girls.

Many days we ate breakfast together in our pajamas. When I didn't get up early enough, Venanzio would knock on my room and call my name in his screaming voice until I opened the door. One morning, however, as I opened the door I saw a small snowman in front of me. Venanzio had found Mother's sack of flour at the back of the kitchen cupboard. His entire head was covered. His blue eyes were the only color I could see. His whole body was covered, and flour was all around him. His tongue continually circled around his mouth, licking away the flour and revealing his pink lips. His blue pajamas were completely covered in flour so that the little horses on the cloth could not be seen. He continued to rummage with his little hands into the flour sack to take out more flour to put on me.

I picked him up and took him directly to the bathtub to dust him off. Then I went to get the vacuum cleaner to clean the floor and remove the footprints that reached the cupboard.

After returning the vacuum cleaner, I turned to go back but Venanzio jumped out of my room with the bottle of my perfume in his small hands. He smelled strongly of my cheap perfume. Calmly he gave me the perfume, and we finally had our breakfast as usual.

After breakfast, I got ready for school, and Venanzio accompanied me to the door, leaving still a wake of perfume. I put on the jacket, took my book bag, and said goodbye to him, imploring him to be good. Once outside I looked back at the picture window. Venanzio was there saying goodbye to me with a big smile.

As I walked to school, I wondered to myself how Mama managed to do it alone, not just with one of her own, but with three little children around her.

VOCABOLARIO
Il mio fratellino Venanzio

abbastanza presto: early enough
aspirapolvere: vaccuum cleaner
colazione: breakfast

finché: until
finestra panoramica: picture window

fratellino: little brother
frugare: to rummage
imbrattato: covered
impronte: footprints
insopportabile: unbearable
lavoretti: chores
mettere addosso a me: put on me
pigiama: pajama
porta di uscita: exit door
pupazzo di neve: snowman
ripulirlo: dust him off
raccomandandogli: imploring him
scia: wake
tela: cloth
tutt'intorno: all around
urlando: yelling

❧ 20. VENANZIO VIDE L'AUTOPOMPA ANTINCENDIO ❦

V**ENERDÌ** 15 ottobre del 1965, verso l'1:30, la **sirena** dell'**autopompa antincendio** improvvisamente **strillò** e **urlò** lungo Almon Street passando davanti alla Ardmore School all'incrocio tra Oxford e Almon. I vigili del fuoco si fermarono proprio poco più giù della scuola.

Mio fratello Venanzio vide i camion dalle finestre della sua terza classe. La maestra chiese agli alunni di alzarsi in piedi e pregare per la famiglia che abitava la casa andata a fuoco. Venanzio si alzò **malvolentieri** e pregò insieme agli altri.

Alla fine della giornata scolastica, tornando a casa, ebbe la brutta sorpresa di scoprire che i **pompieri** erano andati a casa sua. All'interno sembrava tutto nero, l'ingresso posteriore, il corridoio e la cucina apparivano come un'unica grande **caverna** in cui le lampade non illuminavano **per niente**. Le tre camere da letto erano rimaste chiuse sicché non erano state invase dalla **fuliggine**. Meno male.

Dalla sua classe alla Scuola Ardmore Venanzio vide e sentì i camion dei pompieri dirigersi verso un incendio. / From his classroom at Ardmore School Vincent saw and heard fire trucks heading to a fire.

Quando tornai dall'Università, mi occupai io di chiamare l'**assicurazione** per avvisare dell'**incendio**. Fortunatamente mi tranquillizzarono subito e mandarono un **perito** per valutare i **danni**. Questo tecnico arrivò appena venti minuti dopo e ci comunicò che potevamo già chiamare la ditta per ripulire i muri e i **soffitti** e, soprattutto, che l'assicurazione avrebbe pagato tutto. Ci disse di chiamare gli operai per ricostruire la cucina proprio come era prima, di comprare nuovi **elettrodomestici** e un nuovo **arredamento**. Mi raccomandò di conservare accuratamente tutte le **ricevute** in base alle quali l'assicurazione ci **avrebbe rimborsato**.

La ditta iniziò il restauro il giorno dopo, sabato 16 ottobre. La cucina fu demolita completamente. Quindi alzarono nuovi muri, rifecero i soffitti, i pavimenti e realizzarono anche nuovi **armadietti**. Venerdì 15 novembre 1965 ci riconsegnarono casa con una nuova cucina e camere ripulite.

Fummo tutti molto contenti di questo restauro. Mia madre non lasciò mai più una pentola con l'olio sul fuoco. Venanzio soffrì per il rimpianto di non aver pregato con convinzione quando glielo aveva chiesto l'insegnante. Ora gli succede di pregare con molto ardore ogni volta che sente le sirene dei pompieri.

L'assicurazione mi chiese di scrivere una lettera di ringraziamento per il loro operato. Io lo feci con sincero apprezzamento e riconoscenza perché i rimborsi avevano rispettato i tempi e i modi stabiliti dal loro perito. La mia lettera, insieme alla foto della nostra cucina, fu pubblicata sui giornali *Halifax Mail Star* e *The Halifax Herald* per tutti i giorni di dicembre, come pubblicità per la Società della nostra assicurazione.

·⊁ VENANZIO SAW THE FIRE ENGINE ⊰·

FRIDAY, October 15, 1965, around 1:30 p.m. the fire engine siren shrieked and screamed unexpectedly down Almon Street in front of Ardmore School at the junction of Oxford and Almon. The firefighters stopped just a little further down from the school.

My brother, Venanzio, saw the trucks from the windows of his third-grade classroom. The teacher asked the class to stand up and pray for the family where the fire was. Venanzio got up reluctantly and prayed with the others.

At the end of the school day, returning home, he discovered a bad surprise, that the firefighters had gone to his house. Inside it was all black. The back entrance, hallway, and kitchen seemed like a big cave in which the light did not shine at all. The three bedrooms had remained closed and were not covered with soot. Thank goodness!

When I got home from the university, I was the one who called the insurance company to report the fire. Fortunately, they immediately reassured me and sent an expert to assess the damage. This technician arrived just twenty minutes later and told us that we could already call the company to clean the walls and ceilings and, above all, that the insurance would pay for everything. He told us to call contractors to redo the kitchen as it was before, to buy new appliances and furniture. He recommended keeping all the receipts based on which the insurance company would reimburse us.

The contractors began this restoration the next day, Saturday, October 16. The kitchen was fully demolished. They redid the walls, ceilings, floors and even built new cabinets. On Friday, November 15, 1965, they gave us back our house with a new kitchen and redone rooms.

We were all happy with this restoration. Mom won't leave a pot of oil on the stove anymore Venanzio regretted not having prayed with conviction when the teacher asked him to. Now he prays fervently every time he hears the fire sirens.

The insurance company asked me to write them a letter of thanks for their work. I did so with sincere appreciation and gratitude because the reimbursements had respected the times and methods established by their expert. My letter, along with the photo of our kitchen, was published in the *Halifax Mail Star* and *The Halifax Herald* newspapers throughout December, as an advertisement for our insurance company.

VOCABOLARIO
Venanzio vide l'autopompa antincendio

armadietti: cupboards
arredamento: furniture
assicurazione: insurance
autopompa antincendio: fire engine
avrebbe rimborsato: reimbursed
caverna: cave
danni: damages
demolita: demolished
elettrodomestici: home appliances
fuliggine: soot
incendio: fire
malvolentieri: reluctantly
perito: expert
per niente: at all
pompieri: firefighters
ricevute: receipts
rimborsarci: reimburse us
rimpianto: regret
sirena: siren
soffitti: ceilings
strillò: shrieked
urlò: screamed

❖ 21. LA CASA E L'ACCOGLIENZA ❖

La mia casa, al 326 di Almon Street di Halifax, in Canada, era una casa prefabbricata costata 9.000 dollari nel 1952. La cantina era **inagibile** perché aveva un pavimento di **terra battuta** sul quale erano stati lasciati due grossi **massi** durante la costruzione. Ricordo che, quando decidemmo di **rimuoverli**, risolvemmo il problema **scavando** due **buche** della loro stessa dimensione e ce li facemmo **rotolare** dentro. Fatto ciò, mio padre, con l'aiuto di tutta la famiglia, completò l'opera coprendo il pavimento con uno spesso strato di cemento. Questo episodio mi torna alla mente con molto piacere perché quel seminterrato divenne una magnifica stanza per me e Felicia. Lì potevamo accogliere le nostre amiche e, insieme a loro, ballare e ascoltare la musica che ci piaceva.

Alcuni dei tanti immigrati di Pratola che hanno vissuto con noi prima di trovare una casa propria ad Halifax. / Some of the many immigrants from Pratola who lived with us before finding homes of their own in Halifax.

Nel 1955 la sorella minore di mia madre, Concetta, immigrò in Canada e **sbarcò** al **Molo 21** dove passavano tutti gli immigrati. Arrivò di notte e non la fecero uscire dal porto fino al mattino successivo. La zia venne a vivere con noi al 326 di Almon Street e presto trovò lavoro **presso** una **pellicceria**. Qui, mi ricordo un fatto curioso, aveva sempre il problema di procurarsi nuovi **aghi** perché, **cucendo** le pelli, gli aghi perdevano facilmente il loro strato di argento. Successivamente fu assunta nel negozio di abbigliamento da uomo, Tip Top Tailor, dove lavorava mia madre.

Nel 1958 zia Concetta tornò in Italia per rivedere il suo paese e i suoi genitori. Tra le altre cose, mia madre la **incaricò** di portare un **regalo** alla sua amica Gioia. A casa di questa amica, mia zia incontrò un cugino di Gioia tornato appena dal Venezuela, Salvatore Colaiacovo, un giovane più alto di lei, bello e con gli occhi azzurri. Anche mia zia era alta, bella, e giovane. Si **innamorarono** a prima vista e si sposarono durante la stessa vacanza. Terminate le **ferie** la zia tornò in Canada mentre il suo sposo dovette aspettare tre mesi prima che si completassero le pratiche burocratiche per l'espatrio. Salvatore arrivò in aereo, che era il modo nuovo di viaggiare, risparmiandosi i dieci giorni di traversata in nave. **In un primo tempo** abitarono con noi. Presto comprarono una loro casa a Elm Street, cinque minuti a piedi da 326 Almon Street.

Subito dopo i miei genitori **accolsero** la sorella di mio padre, Marzietta, e la sua famiglia. Zia Marzietta, suo marito, Giustino, e i loro figli, Delio, Rosina e Vilia arrivarono il 16 marzo 1958 e si stabilirono da noi. Comprarono nell'ottobre del 1959 una loro casa a Cork Street, dieci minuti a piedi da 326 Almon Street.

L'ultima famiglia a vivere con noi fu quella del fratello di zio Salvatore, Domenico, che arrivò con sua moglie, Ines, e due figli, Ferdinando e Antonio. Anche loro, appena poterono, comprarono una casa a dieci minuti a piedi da casa nostra.

Ogni famiglia che è vissuta con noi è diventata **orgoglioso** membro della comunità di Halifax. Grazie al duro lavoro dei genitori, i figli sono diventati tutti professionisti: insegnanti, autori di libri e testi scolastici, proprietari di ristoranti, **ragionieri**, dottori.

Al Molo 21 si vendono riviste che raccontano le tante e varie storie di coloro che sono passati da lì entrando in Canada. Una di queste storie è stata scritta da Antonio Colaiacovo, il titolo è *Times of Pier 21*. I genitori hanno realizzato il loro sogno di offrire una vita migliore ai loro figli.

❥ THE HOSPITALITY HOUSE ❦

MY house at 326 Almon Street in Halifax, Canada, was a pre-fabricated house that cost $9,000 in 1952. The basement was unusable because it had a dirt floor on which two large boulders had been left during construction. I remember that when we decided to remove them, we solved the problem by digging two holes the same size as the boulders and rolling them into their holes. Once this was done, my father, with the help of the whole family, completed the work by covering the floor with a thick layer of cement. This episode comes to mind with great pleasure because that basement became a magnificent room for Felicia and me. There we could welcome our friends and, together with them, dance and listen to the music we liked.

In 1955 my mother's younger sister, Concetta, immigrated to Canada and landed at Pier 21, through which all the immigrants passed. She arrived at night, and they didn't let her leave the port until the next morning. Concetta came to live with us at 326 Almon Street and soon found work at a fur shop. Here, I remember a curious fact: she always had the problem of getting new needles because, when sewing leather, the needles easily lost their silver layer. Later she was hired at the men's clothing store, Tip Top Tailor, where my mother worked.

In 1958 Aunt Concetta returned to Italy to see her country and her parents again. Among other things, my mother instructed her to bring a gift to her friend Gioia. At this friend's house, my aunt met a cousin of Gioia's who had just returned from Venezuela, Salvatore Colaiacovo, a young man taller than her, blue eyed and handsome. My aunt was also tall, beautiful, and young. They fell in love at first sight and got married on the same vacation. Once the vacation was over, my aunt returned to Canada while her husband had to wait for three months before the paperwork for expatriation was completed. Salvatore arrived by plane, which was the new way of traveling, saving himself the ten days of crossing by ship. At first, they lived with us. Soon they bought their own house on Elm Street, a five-minute walk from 326 Almon Street.

Immediately afterwards, my parents welcomed my father's sister, Marzietta, and her family. Aunt Marzietta, her husband, Giustino, and their children, Delio, Rosina and Vilia arrived on March 16, 1958, and settled in with us. They bought their own house on Cork Street, a ten-minute walk from 326 Almond Street, in October 1959.

The last family to live with us was that of Uncle Salvatore's brother, Domenico, who arrived with his wife, Ines, and two sons, Ferdinando and Antonio. They too, as soon as they were able, bought a house a ten-minute walk from our house.

Every family who lived with us became a proud member of the Halifax community. Thanks to the hard work of their parents, their children have all become professionals: teachers, authors of books and school textbooks, restaurant owners, accountants, and doctors.

At Pier 21 magazines are sold that tell the many and varied stories of those who passed through there and entered Canada. One of these stories was written by Antonio Colaiacovo, the title is *Times of Pier 21*. Parents have realized their dream of providing a better life for their children.

VOCABOLARIO
La casa e l'accoglienza

accoglienza: welcoming
accolsero: they welcomed
aghi: needles
argento: silver
buche: holes
cucendo: sewing
ferie: holidays
incaricò: she asked
inagibile: unusable
innamorarono: they fell in love
in un primo tempo: at first
massi: boulders
Molo 21: Pier 21

orgoglioso: proud
pellicceria: fur shop
presso: at
ragionieri: accountants
regalo: gift
rimuoverli: removed them
rotolare: to roll
sbarcò: landed
scavando: digging
seminterrato: basement
terra battuta: hard-packed dirt floor

⇝ 22. LA PROMESSA ⇜

Il mio fratellino Venanzio amava stare a casa con mia madre e giocare **felicemente** con i suoi **giocattoli**. L'anno in cui compì cinque anni fu **iscritto** all'**asilo**. Arrivò il primo giorno di scuola e lui non voleva uscire di casa. Lo convincemmo a venire con me in macchina perché sapevamo che questo gli piaceva moltissimo. Partimmo e Venanzio mi fece promettere che arrivati a scuola sarei rimasta con lui tutto il giorno. **Accettai** e promisi **sapendo** però che avevo lezione all'Università e non mi sarei potuta **assentare**. Entrati in classe, spiegai all'insegnante la situazione. Lei comprese e mi consigliò di restare per qualche momento finché, avviato un giro giro tondo, fossero arrivati alle parole "Tutti giù per terra." Invitò quindi Venanzio a unirsi al canto:

Giro giro tondo, gira il mondo, gira la Terra, tutti giù per terra!

Giro giro tondo, il mare è fondo, tonda è la Terra, tutti giù per terra!

Ad Halifax, durante la festa per il suo 80° compleanno, Venanzio ricordò a Egizia la promessa infranta che gli aveva fatto. / In Halifax at her 80th birthday party Vincent reminded Egizia of her broken promise to him.

Giro giro tondo, l'angelo è biondo, biondo è il grano, tutti ci sediamo!
*Giro giro tondo, ora ti circondo come una **ciambella**, tutti giù per terra!*
Giro giro tondo, casca il mondo, casca la Terra, tutti giù per terra!

Questa era una bella canzone, molto **coinvolgente** perché i bambini dovevano muoversi in cerchio e poi **cadere** ogni volta che cantavano la **strofa** "tutti giù per terra."

Venanzio si unì volentieri al cerchio tenendo per mano i suoi compagni ma mentre girava intorno **cercava** sempre il mio sguardo. Appena vidi che non mi **cercava** più, me ne andai.

Decenni dopo, i miei fratelli organizzarono una festa di compleanno per celebrare il mio ottantesimo anno. Essendo la maggiore di sei figli, parteciparono quasi quaranta **parenti** alla festa e io chiesi a tutti di scrivere qualcosa di me **invece** di farmi dei regali. Nella lettera di Venanzio lessi con grande stupore che non mi aveva mai perdonato per aver infranto la promessa fatta nel suo primo giorno di scuola. La lettera continuava raccontandomi cosa era successo nella classe dopo la mia partenza. Quando non mi aveva più visto, mio fratello aveva tentato di **slacciarsi** dal cerchio ma la ragazzina alla sua destra gli aveva **tenuto forte** la mano e non l'aveva **lasciata cadere**, allora lui l'aveva trascinata verso la porta. A quel punto l'insegnante era corsa a chiudere la porta a chiave e gli aveva detto che non c'era altro da fare, doveva restare. **Ciò** lo aveva fatto disperare e piangere forte e dopo di lui molti altri bambini avevano iniziato a piangere. L'insegnante aveva cercato di **allentare** la tensione mettendo una musica; quindi, si era seduta in cerchio con alcuni bambini e aveva iniziato uno spettacolo di marionette. Presto i bambini uno alla volta si erano avvicinati all'insegnate per ascoltare la storia. Venanzio era stato l'ultimo ad unirsi al cerchio e a smettere di piangere.

Non era finita lì la sua indignazione. Venanzio sapeva come tornare a casa e quindi al momento dell'intervallo in cortile, tentò di **scappare**, tuttavia, la maestra gli aveva tenuto fermamente la mano e aveva bloccato la sua fuga.

Dopo aver letto questa letterina chiesi a Venanzio se si fosse scusato con la maestra per il suo **comportamento**, lui mi rispose che non era sua intenzione creare dei problemi ma **ribadiva** che ero io la responsabile dell'accaduto poiché non avevo **mantenuto** la promessa fatta.

Alla fine, mi rassicurò dicendomi di avermi ormai dopo tanti anni perdonato e io risposi: **Meno male**!

Venanzio è sposato, ha quattro figli e nessuno di loro è mai voluto fuggire dall'**asilo**.

Mio fratello è molto orgoglioso della sua famiglia e dei suoi nipoti che lo chiamano **Nonno.**

⇢ THE PROMISE ⇠

My little brother Venanzio loved staying at home with my mother and playing happily with his toys. The year he turned five, he was enrolled in kindergarten. On the first day of school, he didn't want to leave the house. We convinced him to come with me in the car because we knew he liked this very much. We left, and Venanzio made me promise that when I got to school, I would stay with him all day. I accepted and promised, knowing, however, that I had classes at the University and would not be able to be absent from them. Once we entered his classroom, I explained the situation to the teacher. She understood and advised me to stay for a few moments until, having started a round and round circle, they reached the words "Everyone down on the ground." She then invited Venanzio to join in the singing:

Round and round, round the world, round the Earth, all fall down!

Round and round, the sea is deep, the Earth is round, all fall down!

Round and round, the angel is blond, the wheat is blond, all fall down!

Round and round, now I surround you like a donut, all fall down!

Round and round, the world falls, the Earth falls, all fall down!

This was a beautiful song, very engaging because the children had to move in a circle and then fall every time they sang the verse "all fall down."

Venanzio willingly joined the circle holding his companions by the hand, but as he walked around, he always looked for my gaze. As soon as I saw that he wasn't looking for me anymore, I left.

Decades later, my siblings threw a party to celebrate my 80th birthday. As the eldest of six children, nearly forty relatives attended the party, and I asked everyone to write something about me instead of giving me gifts. In Venanzio's letter I read with great amazement that he had never forgiven me for having broken the promise made on his first day of school. The letter went on to tell me what had happened in the classroom after I left. When he no longer saw me, my brother tried to free himself from the circle, but the little girl to his right held his hand tightly and she didn't let go, so he dragged her towards the door. At that point the teacher ran to lock the door and told him there was nothing else to do, he had to stay. This made him despair and cry loudly and after him many other children began to cry. The teacher tried to ease the tension by playing music; then she sat in a circle with some children and started a puppet show. Soon the children, one at a time, approached the teacher to listen to the story. Venanzio was the last to join the circle and stop crying.

His indignation did not end there. Venanzio knew how to get home and therefore at break time in the playground, he tried to escape; however, the teacher had firmly held his hand and prevented it.

After reading this letter I asked Venanzio if he had apologized to the teacher for his behavior. He replied that it was not his intention to create problems, but he reiterated that I was responsible for what happened since I had not kept my promise. In the end he reassured me by telling me that after so many years he had forgiven me, and I replied: Thank goodness!

Venanzio is married, has four children and none of them has ever wanted to escape from kindergarten.

My brother is very proud of his family and his grandchildren who call him Nonno.

VOCABOLARIO
La promessa

accettai: agreed
allentare: loosen
assentare: to be absent

asilo: kindergarten
cadere: to fall
cercava: searched

cerchio: circle
ciambella: doughnut
ciò: this
coinvolgente: engaging
comportamento: behavior
decenni: decades
felicemente: happily
giocattoli: toys
impegnato: busy, occupied
invece: instead
iscritto: registered

lasciata cadere: let go
mantenuto: kept
meno male: thank goodness
nonno: grandfather
parenti: relatives
ribadiva: reiterated
sapendo: knowingly
scappare: to escape, run away
slacciarsi: let go of
strofa: refrain
tenuto forte: held tightly

⁕ 23. UN TOPOLINO ⁕

Tutti sanno piegare un foglio di giornale per fare un cappello o una barchetta. Mio padre, Giuseppe, faceva qualcos'altro. Portava sempre in tasca un **fazzoletto** che non avrebbe mai usato per il naso, ma utilizzava per realizzare un simpatico topolino! La creazione del topo consisteva nel piegare il fazzoletto quadrato in un triangolo, quindi eseguire una serie di **piegature** e **arrotolamenti**. Alle due estremità faceva due **nodi** che avrebbero generato, da una parte, la coda, dall'altra muso e orecchie. Le orecchie erano **incastrate** nel **nodo** e si tiravano fuori con i denti o con le **pinze ad ago**.

Ogni volta che c'erano bambini **nelle** sue **vicinanze**, mio padre li stupiva facendo uscire il topolino dal suo fazzoletto, quindi, ci soffiava sopra per dargli vita. Se lo metteva sulla mano e spingeva le dita per

---

Egizia accarezza il dorso del topolino che ha creato con un fazzoletto. /
Egizia strokes the back of the little mouse she created from a handkerchief.

farlo muovere, a volte lo afferrava per la coda emettendo un suono **stridulo**, alla fine lo faceva saltare verso i bambini. Inevitabilmente i bambini **indietreggiavano** spaventati e il topolino cadeva a terra. A questo punto i piccoli **sbalorditi** insistevano per sapere come tutto ciò potesse avvenire. Mio padre faceva questo spettacolino per ogni bambino che veniva a trovarci o quando facevamo visita ai nostri amici. Tra i bimbi riscuoteva un grande successo e tutti lo conoscevano come "Giuseppe con il topolino."

Mio padre ha insegnato anche a me come fare il topolino con il fazzoletto e soprattutto come usare le mani e **accarezzarlo** usando le parole "**Caro cuore,** caro cuore" prima di soffiargli la vita e farlo saltare.

Quando mio padre morì aveva 92 anni. Moltissime persone parteciparono al funerale, e tra loro c'erano anche molti di quei bambini, ora genitori, che avevano frequentato la nostra casa anni prima. Dopo la **sepoltura** tutti i presenti parteciparono al pranzo offerto nella sala della chiesa. **Rievocando** fatti del passato, molti adulti ricordarono quanto li avesse divertiti da bambini il famoso topolino di Giuseppe.

Allora sentii che mio padre avrebbe voluto che io facessi rivivere quel momento giocoso che gli piaceva tanto. **Colsi l'occasione al volo**, mi misi davanti a un tavolo e feci rinascere e animare il topolino con il mio fazzoletto. Molto presto, come in passato, si creò una folla di bambini e adulti che mi osservavano ammirati. Ero felice perché pensavo che questo sarebbe stato ciò che avrebbe fatto mio padre se fosso stato lì con noi. I bambini all'inizio furono spaventati, come era successo ai loro genitori, ma presto superarono la paura e vollero provare anche loro. Tutti andarono alla ricerca di fazzoletti.

La cosa più difficile di questo gioco consiste nel far muovere il topolino con le dita.

Che ne dite di farne uno anche voi? Buona fortuna!

⤜ A MOUSE ⤛

EVERYONE knows how to fold a sheet of newspaper to make a hat or a boat. My father, Giuseppe, did something else. He always carried in his pocket, a handkerchief that he would never use for his nose, but utilized it to make a cute mouse. The creation of the mouse consisted of folding a square handkerchief into a triangle, and then a series of folds and rolls. At the two ends he made two knots that would generate, on one side, the tail, on the other the muzzle and ears. The ears were stuck in the knot and pulled out with his teeth or with needle nose pliers.

Whenever there was a child or children nearby, my father would amaze them by making the little mouse come out of his handkerchief. Then he blew on it to bring it to life. He put it on his hand and wiggled his fingers to make it move. At times he would grab the tail and let out a squeaking sound. At the end, Papa made the mouse jump toward the children. Inevitably the children backed away in fright, and the little mouse fell to the ground. At this point the astonished little ones wanted to know how it came about. Dad did this little show for every child who came to visit and when we went to visit our friends. Among the children he was a great success, and everyone called him Giuseppe with a mouse.

My father even taught me how to make a mouse with the handkerchief, especially how to use my hands to pet it, using the words, "Dear heart, dear heart," before breathing life into it and making it jump.

When my father died, he was 92 years old. Many people came to the funeral, and among those were many of the children, now parents, who had come to our house many years ago. After the burial, all those present participated in a lunch at the church. Recalling events of the past, many adults remembered how much they were entertained, when little, by the famous mouse of Giuseppe.

I felt that my father would have wanted that I revive that glorious moment that pleased him so much. I seized the opportunity and stood in front of a table and made a little mouse come to life with my handkerchief. Very soon, as in the past, a crowd of children and adults gathered and watched me in admiration. I was happy because I thought that was what my father would have done if he had been there with us. The children were scared at first, as had happened to their parents, but they soon overcame their fear and wanted to try it too. They all went looking for handkerchiefs.

The hardest part of this game is making the mouse move with your fingers.

How about you make one too? Good luck!

VOCABOLARIO
Un topolino

accarezzarlo: to caress it
afferrava: grabbed
arrotolamenti: rolls
caro cuore: dear heart
colsi l'occasione al volo: I seized the opportunity.
fazzoletto: handkerchief
incastrate: encased
indietreggiavano: they backed away

nelle vicinanze: in the vicinity
nodo: knot
piegature: folds
pinze ad ago: needle-nosed pliers
rievocando: recalling
sbalorditi: astonished
sepoltura: burial
stridulo: screeching

⁕ 24. NELLA BEVANDA ⁕

Quando ero una studentessa di liceo, durante le vacanze estive lavoravo come assistente al parco giochi. Il mio compito consisteva nella pianificazione delle escursioni giornaliere e delle attività per i bambini che lo frequentavano.

Mi ricordo in particolare un anno in cui mi **imbattei** in due ragazzini, Heraldo e Eddie. Erano i più grandi del gruppo. Venivano ogni giorno e adoravano farmi uno scherzo in particolare. Eddie si **sdraiava** a terra dietro di me senza farmene accorgere. Heraldo mi veniva a parlare molto da vicino. Io **indietreggiavo** e ogni volta **inciampavo** su Eddie **cadendo rovinosamente** proprio sul mio **coccige**. Questo avveniva praticamente tutti i giorni sicché la mia schiena cominciava a **risentirne**. Decisi allora di distrarli trovando loro una occupazione impegnativa, li nominai capitani di due squadre **avversarie**. **Ben presto** i compagni assorbirono tutta la loro attenzione con le loro richieste di **consigli** e assistenza nelle attività di gioco e nelle gare. Il successo nella **gestione** dei due **monelli** mi

---

Molti degli amici che Egizia ha fatto mentre lavorava come assistente al parco giochi / Many of the friends Egizia made while working as playground assistant

fece guadagnare la simpatia degli altri assistenti del parco giochi con i quali strinsi una bella amicizia. Diventammo una **comitiva**, andavamo spesso tutti insieme a nuotare nel Lago di Cioccolato o in piscina, facevamo escursioni ed esploravamo i numerosi posti d'interesse di Halifax. Il rapporto con loro non si interruppe con la fine dell'estate ma continuammo a vederci anche una volta tornati a scuola a settembre. Nei fine settimana autunnali andavamo a fare escursioni sulle montagne vicine. In inverno, quando c'era la neve, andavamo tutti in slittino nel campo da golf. La mia prima esperienza fu con uno slittino a cinque posti dove si misero due ragazzi al primo e ultimo posto, e noi tre ragazze al centro. Da quella corsa ho appreso moltissimo, ho imparato che le persone alle **estremità** fanno tutto il lavoro. La persona davanti guida, gira e rallenta usando i piedi che **scavano** nella neve. Il ragazzo dietro rallenta la velocità e aiuta a girare per **evitare scontri** con le altre slitte sulla collina. Facemmo una corsa molto veloce, con molte **urla**, ma riuscimmo a **schivare** le slitte in **fuga** che scendevano come **bolidi fuori controllo**.

La mia seconda corsa fu con una piccola slitta singola. Avevo imparato ad usare i piedi per guidare e **frenare**. Mi dettero una piccola spinta e venni giù per la collina a grande velocità. Ma mentre stavo godendo di questa corsa emozionante, altre slitte entrarono nella mia **traiettoria** e io non fui in grado di controllare il mio **percorso**. Riuscii a mancare anche se di poco tutta una serie di collisioni, tra le urla generali, ma alla fine ebbi un grosso impatto con un'altra slitta che mi fece saltare letteralmente in aria e poi **atterrare pesantemente**, fortunatamente senza colpire nessuno.

Quando mi fermai sentii la mia amica Kim gridare, "Non entrare nella **bevanda**!" Non sapevo **davvero** cosa **intendesse** così ripresi la discesa e dopo un successivo **scontro** atterrai in un ruscello di acqua corrente. Non c'era nessuno, tutti conoscevano il posto e avevano evitato di arrivare in fondo. Tornando in cima, bagnata **dalla vita ai piedi**, ripetevo a tutti quelli che incontravo, "Non entrare nella bevanda!"

Quando raggiunsi i miei amici dissi loro che ero troppo bagnata per continuare e avevo troppa paura che mi venisse il "**piede da trincea.**" Avevo appena letto un libro sulla vita dei soldati nella Prima guerra mondiale e avevo appreso che molti di loro soffrirono di questo male essendo rimasti troppo a lungo con gli **indumenti** bagnati. Quando la mia amica Kim mi vide, mi **apostrofò**, "Non mi hai ascoltato. Quella era la bevanda!" Risposi, "Sì, sono andata nella bevanda. Me ne ricorderò bene la prossima volta."

Molti anni dopo io e le mie sorelle decidemmo di portare i nostri figli sulla stessa collina per fare loro provare lo slittino per la prima volta. A un certo punto vidi mia sorella Anna urlare **selvaggiamente** verso i suoi figli che passavano volando. Le chiesi se avesse detto ai figli del ruscello, mi rispose che se ne era dimenticata. Accadde fatalmente che anche loro se ne andassero nella bevanda. Mentre **risalivano** la collina li sentimmo raccomandare a tutti quelli che incontravano, "Non andare nella bevanda!" Il nostro giorno di slitta finì purtroppo **repentinamente**.

⋅❫❫ IN THE DRINK ❪❪⋅

WHEN I was a high school student, during the summer vacation I worked as a playground assistant. My job consisted of planning daily excursions and activities for the children who attended.

I remember in particular one year when I ran into two rascals, Heraldo and Eddie. They were the oldest of the group; they came every day and loved playing one particular prank on me. Eddie would lie down on the ground behind me without me noticing; Heraldo would come up very close and start talking to me. I would back up every time, trip over Eddie, and fall disastrously right onto my coccyx. This happened practically every day so my back started to hurt. I then decided to distract them by finding them a challenging occupation. I appointed them captains of two opposing teams. Soon their classmates absorbed all their attention with their requests for advice and assistance in gaming activities and competitions. The success in managing the two boys earned me the sympathy of the other playground assistants with whom I formed a beautiful friendship. We became a group. We often went swimming together in Chocolate Lake or in the pool. We went on excursions and explored the many places of interest in Halifax. My relationship with them did not end at the end of the summer, and we continued to see each other even when we returned to school in September. On fall weekends we went hiking in the nearby mountains.

In the winter, when there was snow, we all went sledding on the golf course. My first experience was with a five-seater sled. Two boys were placed in the first and last place, and we three girls in the middle. I learned a lot from that ride, I learned that the people at the ends do all the work. The person in front drives, turns and slows down using feet to plow in the snow. The boy behind slows down the speed and helps turn to avoid collisions with the other sleds on the hill. We went very fast, with a lot of shouting, but we managed to dodge the fleeting sleds that came down like out-of-control racing cars.

My second ride was with a small single sled. I had learned to use my feet to drive and brake. They gave me a little push and I went down the hill at great speed. But while I was enjoying this thrilling ride, other sleds entered my path and I was unable to control my sled. I managed to narrowly miss a whole series of collisions, amid general shouting, but in the end, I had a big collision with another sled that literally made me fly up and then land heavily, fortunately without hitting anyone.

When I stopped, I heard my friend Kim yell, "Don't get in the drink!" I didn't really know what she meant so I continued my descent and after a subsequent collision landed in a stream of running water. There was no one there; everyone knew the place and had avoided going all the way to the bottom. Returning to the top, wet from waist to toe, I repeated to everyone I met, "Don't get in the drink!"

When I reached my friends, I told them I was too wet to continue and I was too afraid of getting "trenchfoot." I had just read a book about the lives of soldiers in World War I and learned that many of them suffered from this ailment from being left in wet clothing for too long. When my friend Kim saw me, she said indignantly, "You didn't listen to me. That was the drink!"

I replied "Yes, I went into the drink. I'll remember it well next time."

Many years later my sisters and I decided to take our children to the same hill to let them try sledding for the first time. At a certain point I saw my sister Anna screaming wildly at her children who were flying by. I asked her if she had told her children about the stream. She replied that she had forgotten. It happened predictably that they too went into the drink. As they went up the hill, we heard them recommending to everyone they met "Don't go into the drink!" Unfortunately, our day of sledding ended abruptly.

VOCABOLARIO
Nella bevanda

apostrofò: addressed indignantly
atterrare: landed
avversarie: adversaries
ben presto: soon
bevanda: drink (noun)
bolidi fuori controllo: racing cars out of control
cadendo: falling
coccige: tailbone
comitiva: group
consigli: advice
dalla vita ai piedi: from the waist to the feet
davvero: really
estremità: end
evitare: avoid
frenare: to brake
fuga: runaway
fuori controllo: out of control
gestione: management
imbattei: I came across
inciampavo: I tripped over
indietreggiavo: I backed away
indumenti: clothing
intendesse: what was intended
monelli: rascals
percorso: path
pesantemente: heavily
piede da trincea: trenchfoot
proprio: just
repentinamente: suddenly
risalivano: they go up again
risentirne: hurt from it
rovinosamente: disastrously
scavano: to dig, to plow
selvaggiamente: wildly
schivare: to dodge
scontro /scontri: collision/collisions
sdraiava: lay down
slittino: sled
traiettoria: path
urla: screams

⋆⟩ 25. ORTI PRATOLANI ⟨⋆

A PRATOLA Peligna, mio **paese natale**, ognuno possedeva un **orto** o una **campagna** fuori del centro abitato dove piantava i prodotti tipici del luogo: **grano, fagiol**i, patate e **viti**. I frutti del lavoro erano destinati ai bisogni famigliari ma soprattutto alla vendita.

La maggior parte degli abitanti del paese erano contadini. Questo spiega con quale stato d'animo ogni anno attendessero la stagione del raccolto dal quale dipendeva la sussistenza delle loro famiglie. Ricordo che erano considerate vere calamità le **gelate notturne** che si presentavano **talvolta** quando i prodotti erano già maturi e distruggevano tutto il raccolto. In particolare, si **temeva** sempre in ottobre che **gelassero** le vigne, poco prima della vendemmia, perché l'uva era, e forse ancora oggi è, un frutto prezioso per l'Abruzzo essendo collegato a una rilevante produzione di vino.

I giardinieri di Halifax usavano pali e rami tagliati per coltivare i loro orti, proprio come avevano fatto a Pratola. / Gardeners in Halifax used poles and cut branches to grow their vegetables just as they had done in Pratola.

Scoraggiati dalle difficoltà di un'agricoltura molto legata al lavoro manuale e troppo condizionata dalle condizioni metereologiche, molti giovani contadini hanno scelto, specialmente negli anni Cinquanta, di abbandonare le loro campagne e di cercare una vita migliore all'estero. Il cinquanta per cento degli abitanti del mio paese ha lasciato Pratola per andare in Canada, negli Stati Uniti, in Venezuela. Mio padre ci ha portato ad Halifax in Nuova Scozia, Canada.

Dopo di noi, altri dal nostro paese sono venuti ad Halifax e hanno lavorato come pavimentatori, **muratori**, barbieri. Però, appena acquistavano una casa, subito impiantavano un orto nel retro e lo coltivavano nel modo che conoscevano, nel modo pratolano. Usavano rami per far **arrampicare** i fagioli. Ancora oggi i miei amici Nunziatina e Venanzio e Maria e Luigi mi mandano delle belle foto dei loro orti. Sono già pensionati ma conservano ancora l'anima pratolana nel loro orto e si compiacciono di avere un raccolto che dura quasi tutto l'anno.

Il **legame** con il paese d'origine è in tutti fortissimo e altrettanto forte è l'affetto che quelli che sono rimasti **nutrono** per loro. Quando un pratolano muore all'estero, i parenti mandano le sue foto a Pratola, dove sono pubblicate nel giornale parrocchiale e nei posti predisposti per gli annunci **funebri**. In questo modo i pratolani emigrati sono ricordati dal paese allo stesso modo dei residenti.

✧ VEGETABLE GARDENS OF PRATOLA ✦

IN Pratola Peligna, my birthplace, everyone planted a vegetable garden in the countryside outside the town, where they grew wheat, beans, potatoes and vineyards. The fruits of their labor were destined for family needs, but above all for sale.

Most of the inhabitants were farmers. This explains their state of mind anticipating the harvest season on which the sustenance of their families depended. I remember that night frosts were considered a true disaster, that, when the crops were ripe, sometimes the whole harvest was destroyed. In particular, they always feared that in October the frost would destroy the vineyards shortly before the harvest, because the grapes were, and perhaps still today are, a precious fruit for Abruzzo, being so tied to a huge production of wine.

Discouraged by the difficulty of farming, contingent on a lot of manual labor and weather conditions, many young farmers chose, especially in the fifties, to abandon their farms and to look for a better life abroad. Fifty per cent of the inhabitants of my town left Pratola to go to Canada, the United States, and Venezuela. My father brought us to Halifax in Nova Scotia, Canada.

After us, others from our town came to Halifax and worked as pavers, stone and brick workers, and barbers. However, as soon as they bought a house, they quickly began a vegetable garden in their backyard, and they cultivated it in the same way that they knew, the Pratolano way. They used branches for the beans to climb. Even today my friends, Nunziatina and Venanzio and Maria and Luigi, send me some beautiful photos of their vegetable garden. They are retired already but still have the Pratolano soul in their vegetable garden. They boast of having a beautiful harvest that lasts them all year.

The bond with the country of origin is very strong in all, and equally strong is the affection that those who remained behind have for them. When a Pratolano dies abroad, the relatives send his photos to Pratola, where they are published in the parish newspaper and in the places set up for funeral announcements. In this way the Pratolano emigrants are remembered by the town in the same way as the residents.

VOCABOLARIO
Orti pratolani

arrampicare: to climb
campagna: area for farming
fagioli: beans
funebri: funeral
gelate notturne: night frost
gelassero: froze
grano: grain, wheat
legame: bond

muratori: stone and brick workers
orto: vegetable garden
paese natale: hometown
scoraggiati: discouraged
talvolta: sometimes
temeva: he feared
viti: grapevines

❋ 26. L'ESPLOSIONE DI HALIFAX ❋

IL primo **disastro** della storia di Halifax si **verificò** durante la Prima guerra mondiale quando un'esplosione avvenuta nel porto **scatenò** un enorme incendio. Il porto di Halifax serviva da solo tutti gli scambi **commerciali** del Canada orientale; quindi gestiva un traffico marittimo davvero imponente.

Il 6 dicembre 1917 due navi entrarono nel porto. La Mont Blanc, francese, trasportava un carico di **proiettili**, munizioni e materiali altamente infiammabili; la Imo, nave norvegese **adibita** al trasporto di merci e passeggeri, aveva a bordo personale medico e infermieristico nonché un carico di farmaci e strumentazione medica destinati al **soccorso** dei feriti di guerra in Europa. Nello **stretto** del Porto, alle 8:30 di mattina, la Imo entrò in collisione con la Mont Blanc che **scoppiò** immediatamente. I pompieri non riuscirono a **spegnere** il fuoco con gli **estintori**, quindi lasciarono che la barca **bruciasse** nello stretto dove era difficile la navigazione fra il Porto e il Bacino di Bedford. Molta gente **accorse** a vedere l'incendio. I marinai dell'**equipaggio** della Mont Blanc, conoscendo il contenuto del cargo, saltarono velocemente sulle **scialuppe** di salvataggio e raggiunsero a remi Dartmouth, la città di fronte ad Halifax. Sfortunatamente alle 9:05 la Mont

---

La Mont Blanc (in alto) e la IMO entrarono in collisione nel porto di Halifax, provocando un'esplosione mortale. / The Mont Blanc (left) and the IMO collided in the port of Halifax and a deadly explosion occurred.

Blanc esplose violentemente e tutte le 2830 tonnellate di imbarcazione furono ridotte in pezzi. Una **canna di cannone** fu trovata a cinque chilometri di distanza, il **fuso dell'ancora**, che pesava una tonnellata, volò tre chilometri lontano e lì è **ancora** visibile oggi. L'esplosione si sentì fino a Cape Breton e anche in Prince Edward Island. La nave Imo non riportò invece gravi danni.

Con l'esplosione, le finestre di Halifax andarono in **frantumi** e le case nel Nord della città bruciarono in un immenso incendio. Quelle rimaste in piedi, andarono a fuoco poco dopo a causa del carbone conservato nelle cantine. Quest'esplosione non ha quasi pari nella storia. I danni ammontarono a 1.900 morti, 9.000 feriti, 130 ettari di territorio, un quarto della città, **rasi al suolo**. Per questo tragico evento la città di Halifax fu chiamata la città **frantumata**. A complicare la situazione, il giorno successivo all'esplosione la zona fu colpita da una terribile bufera che coprì la città con 40 cm di neve. I **soccorsi** arrivarono da molte nazioni del mondo, Nuova Zelanda, Cina, Stati Uniti. Soprattutto si distinse negli aiuti la città di Boston che inviò 750.000 dollari e un treno di medici e infermieri, tutti volontari.

Gli **Haligoniani** furono veramente molto grati per questi aiuti e ancora oggi, ogni anno, esprimono la loro riconoscenza inviando un grandissimo albero di Natale alla città di Boston. Questi alberi, che devono essere alti 12 -16 metri e provenire dai boschi della Nuova Scozia, vengono impiantati nel grande parco del Boston Common.

Presto la zona distrutta fu ricostruita, questa volta con **requisiti**, sistemi di costruzione e materiali più **idonei** e più **sicuri**. Inoltre, a causa della moltitudine di infortuni verificatisi nell'esplosione, furono eseguiti studi molto innovativi nel campo della pediatria e della chirurgia oculistica.

Si può dire, in conclusione, che dalla tragedia la popolazione e gli amministratori della città **trassero** un insegnamento forte. Furono costruite abitazioni più sicure, e soprattutto, si fecero passi avanti nell'assicurazione sociale e la sanità pubblica.

❧ THE HALIFAX EXPLOSION ❦

THE first disaster in the history of Halifax occurred during World War I, when an explosion took place in the port, creating an enormous fire. The Halifax port was the only one that could be used for commerce in all of eastern Canada, resulting in really heavy maritime traffic.

On December 6, 1917, two ships had entered the Port. The *Mont Blanc*, a French ship, was transporting a load of missiles, munitions, and highly flammable materials; the *Imo*, a Norwegian ship that had been converted into a cargo and passenger ship, had on board doctors and nurses to assist the wounded in addition to pharmaceuticals and medical instruments to tend the injured in the European War. At 8:30 a.m., in the narrows of the port, the *Imo* collided with the *Mont Blanc*, which immediately caught on fire. The firemen were not able to extinguish it and left the ship to burn in the narrows that were difficult to navigate between the Port and the Bedford Basin. Many people came to see the fire. The crew of the *Mont Blanc*, knowing the contents of the cargo, jumped quickly into the lifeboats and rowed them to Dartmouth, the city opposite Halifax. Unfortunately, at 9:05 the *Mont Blanc* exploded, and all of the 2,830 tons of cargo were reduced to pieces. The barrel of a cannon was found five kilometers away. The shank of the anchor that weighed a ton flew three kilometers away and can still be seen today. The blast was heard in Cape Breton and also in Prince Edward Island. On the other hand, the *Imo* did not report grave damage.

With the explosion, the windows of Halifax were shattered, and the houses in the north of the city burned in an immense fire. Those that remained standing caught fire later because of the coal stored in their basements. This explosion has no parallel in history. The damage was 1900 people dead, 9000 people not gravely injured; 130 hectares, one quarter of the city, was leveled. Because of this tragic event, the city of Halifax was called the fractured city. To complicate the situation, the day after the explosion that area was hit by a terrible snowstorm that covered the city with 40 centimeters of snow. Aid arrived from many countries all over the world: New Zealand, China, the United States. Above all, Boston distinguished itself by sending $750,000 and a train filled with medicine and volunteer doctors and nurses.

The Haligonians were truly grateful for this help, and still to this day, every year express their gratitude by sending a huge Christmas tree to the city of Boston. These trees, which must be 12 -16 meters tall and come from the woods of Nova Scotia, are erected in Boston Common, a large park.

Soon the destroyed zone was reconstructed using healthier and safer materials, as required. Furthermore, due to the multitude of injuries that occurred in the explosion, very innovative studies were carried out in the fields of pediatrics and eye surgery.

One could say, in conclusion, that because of the tragedy, the residents and the city administrators learned a great lesson. Safer houses were built, and above all, several steps were taken forward for the security and health of the public.

VOCABOLARIO
L'esplosione di Halifax

accorse: ran
adibita: adapted
ancora: still
bruciasse: burned
bufera di neve: blizzard
canna di cannone: barrel of a cannon
città frantumata: shattered city
commerciale: business
disastro: disastrous
equipaggio: crew
esplosione: explosion
estintori: extinguishers
frantumi: in pieces
fuso dell'ancora: shank of the anchor
Haligoniani: natives of Halifax
idonei: suitable
proiettili: projectiles
rasi al suolo: burnt to the ground
requisiti: requisites
sane e sicure: healthy and safe
scatenò: unleashed
scialuppe: lifeboats
scomparse: disappeared
scoppiò: burst apart
sforzo: effort
soccorso: the help
soccorsi: the aides
spegnere: put out
stretto: narrow
trassero: learned
vennero: they came
verificò: occurred
violentemente: violently

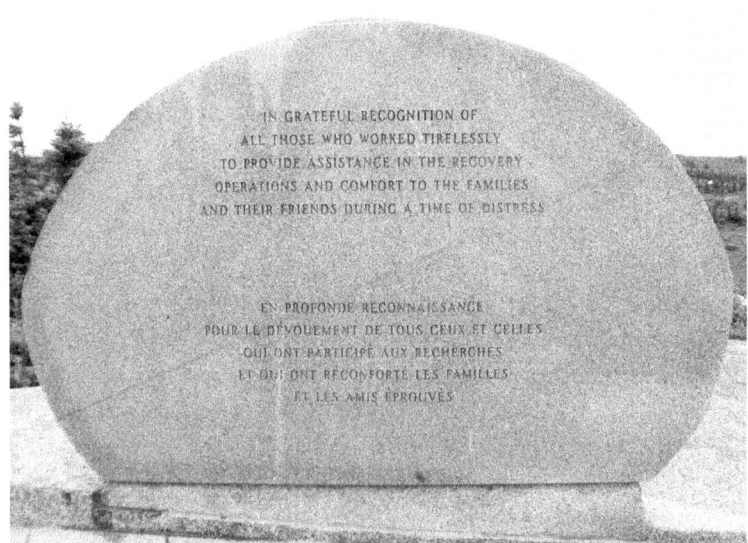

❧ 27. VOLO SWISSAIR 111 ☙

MERCOLEDÌ 2 settembre 1998 era una bellissima giornata a New York. All'aeroporto John F. Kennedy imbarcarono duecentoquindici passeggeri sul volo Swissair 111 e **caricarono** i bagagli, che comprendevano anche beni preziosi come il quadro *Le Peintre* di Pablo Picasso, due chilogrammi di diamanti e cinquanta chilogrammi di denaro destinato alla Banca Svizzera. Facevano parte dell'**equipaggio** il comandante Urs Zimmerman che aveva 49 anni, il secondo **pilota** Stefan Löew, 36 anni, un capo-cabina e 11 assistenti di volo. Aggiungendo i passeggeri, erano **a bordo** dell'aeroplano 229 persone.

I voli Swissair, all'epoca, avevano un certo successo perché la compagnia svizzera pensò per prima di dotare i propri aerei di nuovi sistemi di **intrattenimento** che permettevano ai passeggeri di seguire

Monumento commemorativo ad Halifax per le 229 vittime del disastro del volo Swissair 111 / Memorial in Halifax to the 229 victims of the Swissair flight 111 disaster

la traiettoria del loro volo, vedere programmi televisivi e film, **giocare d'azzardo**, e usare internet.

Il volo 111 **decollò** alle 21:17 da New York e tutto faceva prevedere che, senza inconvenienti, sarebbe atterrato all'Aeroporto Cointrin di Ginevra, in Svizzera, in perfetto orario. Era conosciuto come il volo delle Nazioni Unite perché era utilizzato soprattutto da impiegati degli uffici ONU che tornavano al loro quartier generale.

Dopo 53 minuti di volo, alle 22:00, Stefan Löew avvertì un odore strano nella cabina di comando. Quattro minuti dopo **apparvero** delle **colonne di fumo** dal soffitto dove era posizionata una grata per l'aria. Ma il fumo si **dileguò** rapidamente tanto che il pilota comunicò al controllore di Moncton, New Brunswick, un messaggio "**pan pan**" alle 10:10 nel quale spiegava che c'era stato del fumo in cabina ma non sembrava **pericoloso.**

I **piloti** non sapevano che in realtà era scoppiato un incendio proprio sopra il soffitto dove erano stati sistemati i cavi del nuovo sistema di intrattenimento e i materiali per l'isolamento acustico. I fili avevano formato un arco elettrico e da lì si erano **sprigionate** le fiamme.

Il fumo tornò più denso, dunque il controllore di Moncton chiese se volevano ritornare a Boston che distava 500 chilometri, o **puntare** ad Halifax che era a soli 103 chilometri. I piloti scelsero Halifax. Alle 22:15 iniziarono la discesa 2.000 piedi al minuto e, usando le maschere per l'ossigeno, guidarono l'aereo **malgrado** il fumo. Tutti i sistemi funzionavano e non era **scattato** il sistema di allarme. Il pilota chiese alle hostess di informare i passeggeri che ci sarebbe stato un **atterraggio** entro 20/30 minuti ad Halifax, Nuova Scozia. L'equipaggio chiese al controllore di Halifax dove poter scaricare il **carburante** per ridurre il peso del **velivolo** in vista dell'atterraggio. Halifax lo fece dirigere verso S. Margaret Bay a sud della città, entro 40 miglia nautiche dall'aeroporto. Alle 22:22 il volo era a diecimila piedi e cominciò a scaricare il **combustibile**. Il capitano **tolse** l'elettricità dalla cabina dei passeggeri. Le luci si **spensero**, i ventilatori si fermarono, in quel momento l'incendio **divampò** nella cabina di comando. Il pilota finalmente lanciò il "mayday, mayday." Il **radarista** lo raccolse ma immediatamente tutti i sistemi dell'aeroplano si chiusero. Il volo 111 **sparì** dal radar, l'aereo continuò a volare per sei minuti poi, alle 22:31, entrò nell'oceano a 43 chilometri da Halifax, a una velocità **stimata** di 550 chilometri l'ora. La collisione con l'acqua lo fece disintegrare con un rumore **assordante** udito a molte miglia di distanza. Si spensero 229 persone come candele nel vento.

Questo fu il più grande disastro aereo del Canada e una grande prova per la città di Halifax e le zone circostanti. La ricerca dei corpi **comportò** un impegno gigantesco al quale nessuno si sottrasse. Chiunque avesse una barca si mise in mare la notte stessa per **scandagliare** il mare alla luce delle **torce elettriche**, al fianco dei **soccorsi governativi**. Fu un evento dolorosissimo che però portò al ritrovamento di tutti i corpi ridotti in pezzi dallo **schianto**. La città dichiarò il **lutto** e si strinse intorno ai familiari delle vittime che **accorrevano** per riportare a casa i resti dei loro cari.

La **scatola nera** e il 98 per cento della struttura dell'aereo fu recuperata e ciò consentì di eseguire in 4-anni l'investigazione sulle cause del disastro. La conoscenza della modalità di **innesco** e diffusione delle fiamme permise di **dettare** ai costruttori norme più precise di protezione antincendio.

Dopo un anno dall'incidente, fu eretto ad Halifax un monumento in memoria delle vittime che è visitato ogni anno da molte persone che ricordano e lasciano fiori.

Questa è una storia indimenticabile, non soltanto per quelli che hanno subito la perdita dei loro cari, ma anche per chi, come i cittadini di Halifax, hanno assistito **inermi** a un disastro che non sarebbe mai dovuto **accadere**.

❊❊ SWISSAIR FLIGHT 111 ❊❊

WEDNESDAY. September 2, 1998, was a beautiful day in New York. At the John F. Kennedy Airport 215 passengers on Swissair Flight 111 were boarding, and they loaded their baggage, which also included valuables such as Pablo Picasso's painting, "*The Painter*," two kilograms of diamonds, and 50 kilograms of money destined for the Swiss Bank. The crew consisted of the commander, 49-year-old Urs Zimmerman, and the second pilot, Stefan Löew, age 36, a cabin crew chief and 11 flight attendants. Adding the passengers there were on board the airplane 229 people.

Swissair flights were quite successful at the time because the Swiss company was the first to equip its planes with new entertainment systems that allowed passengers to follow the trajectory of their flight, watch television programs and films, gamble, and use the Internet.

Flight 111 took off from New York at 9:17 p.m., and everything seemed to indicate that it would land safely at Cointrin Airport in Geneva, Switzerland, right on time. It was known as the United Nations flight because it was used, above all, by office workers from the UN returning to their general headquarters.

After 53 minutes of flight, at 10 p.m., Stefan Löew noticed a strange smell in the cockpit. Four minutes later, columns of smoke appeared from the ceiling where an air duct was located. But the smoke quickly disappeared so much that the pilot sent a "pan pan" message to the controller in Moncton, New Brunswick at 10:10 p.m. explaining that there had been smoke in the cabin, but that it did not appear to be dangerous.

The pilots did not know that a fire had actually broken out right above the ceiling where the cables for the new entertainment system and the soundproofing materials had been placed. The wires had formed an electrical arc, and from there the flames had come out. The smoke returned more densely; thus, the controller from Moncton asked if they wanted to return to Boston, 500 kilometers away, or to aim for Halifax, 130 kilometers away. The pilots chose Halifax.

At 10:15 p.m. they began a 2,000-foot-per-minute descent and, using oxygen masks, flew the plane despite the smoke. All systems were functioning and the warning system had not gone off. The pilot asked the flight attendants to inform the passengers that there would be a landing in 20 to 30 minutes in Halifax, Nova Scotia. The crew asked the controller in Halifax where they could dump fuel to reduce the weight of the plane for landing. Halifax directed them to head toward St. Margaret Bay south of the city, within 40 nautical miles of the airport. At 10:22 p.m. the flight was at 10,000 feet and began dumping fuel. The captain cut the electricity in the passenger cabin. The lights went out, the fans stopped, and in that moment, a fire broke out in the cockpit. The pilot finally called out "mayday, mayday." The radar operator picked it up but immediately all the plane's systems shut down. Flight 111 disappeared from radar. The plane continued to fly for six minutes. Then, at 10:31 p.m., it entered the ocean 43 kilometers from Halifax, at an estimated speed of 550 kilometers per hour. The collision with the water caused it to disintegrate with a deafening noise heard for many miles. Two hundred twenty-nine people went out like candles in the wind.

This was the biggest air disaster in Canada and a great test for the city of Halifax and the surrounding areas. The search for the bodies was a gigantic undertaking that no one shied away from. Anyone who had a boat set out that night to scan the sea by flashlight, alongside government rescuers. It was a very painful event, but it led to the discovery of all the bodies that had been reduced to pieces by the crash. The city declared mourning and gathered around the victims' families who rushed to bring home the remains of their loved ones.

The black box and 98 percent of the plane's structure were recovered and this allowed for a 4-year investigation into the causes of the disaster. Knowledge of how the flames started and spread allowed the manufacturers to dictate more precise fire protection standards.

A year after the accident, a monument was erected in Halifax in memory of the victims. It is visited every year by many people who remember and leave flowers.

This is an unforgettable story not only for all those who have suffered the loss of family members but also for those, like the citizens of Halifax, who have helplessly witnessed a disaster that should never have happened.

VOCABOLARIO
Volo Swissair 111

a bordo: on board
accorrevano: they hurried
apparvero: appeared
assordante: deafening
atterraggio: landing
carburante: fuel
caricarono: they loaded
colonne di fumo: columns of smoke
combustibile: combustable
comportò: involved
decollò: took off
dettare: to dictate
dileguò: disappeared
disastro: disaster
divampò: blazed up
equipaggio: crew
giocare d'azzardo: to gamble
inermi: helpless
innesco: trigger

intermi: helplessly
intrattenimento: entertainment
lutto: mourning
malgrado: despite
Pan, Pan: first alarm
pericoloso: danger
pilota, piloti: pilot, pilots
puntare: to aim
radarista: radar operator
scandagliare: to scan
scatola nera: black box

scattato: tripped
schianto: crash
soccorsi governativi: government relief
sparì: to disappear
spensero: extinguished
sprigionate: released
stimata: estimated
tolse: cut off
torce elettriche: flashlights
velivolo: aircraft

❧ 28. LE FORTIFICAZIONI DI HALIFAX ❧

Benvenuti al Porto di Halifax; da secoli protetto da imponenti **fortificazioni** essendo l'unico **avamposto** a guardia dell'impero inglese sulla costa Atlantica. Da anni Halifax ha avuto una base navale a Sherwater, sede della **flotta**. Il primo forte è York Redoubt che si trova all'ingresso del porto ed è situato su un sito ideale per la difesa, una **scogliera** alta sessanta metri che vanta di essere il punto più alto del **canale**.

Da questo punto si possono vedere sei altre fortezze dal lato di Halifax, quattro sull'Isola di McNab, una sull'Isola di San George. Queste isole sono proprio all'ingresso del porto. Tre sono dal lato di Dartmouth, la città **di fronte** ad Halifax. In origine si contavano complessivamente quattordici "**sentinelle**" a **protezione** dell'ingresso del porto di Halifax.

York Redoubt fu costruita nel 1793 durante la guerra fra l'Inghilterra e la Francia. Aveva una **torre** da dove si potevano **inviare** segnali. Era dotata di numerosi cannoni e **munizioni**, ogni palla pesava 24 **libbre**. Nella contingenza di varie guerre queste quattordici sentinelle

Il faro dell' isola di San Giorgio nel Porto di Halifax / The lighthouse on St. George's Island in Halifax Harbor

furono sempre perfezionate con nuovi **accorgimenti bellici**.

Il **faro** dell'Isola di San George cominciò a funzionare nel 1876 e continuò la sua attività fino all'incendio del 1916. Fu ricostruito. Nel 1972 fu automatizzato cosicché il **guardiano** con la sua famiglia lasciò l'isola. Nella foto si può vedere tutta l'isola con le fortificazioni e il faro.

Nel 1954 il guardiano del faro, Leonardo Matthews, usava **piccioni viaggiatori** per comunicare messaggi importanti. Aveva per il trasporto solo una barca a remi.

La Torre del Dingle è una **fortezza** ben visibile e si affaccia sul braccio nordoccidentale. Nel centro della città di Halifax si può vedere la **Cittadella** o fortezza della città, costruita a forma di stella.

Ad Halifax si svolgono molte parate militari alle quali partecipano rappresentanti di tutti i rami delle forze armate. I **comandanti delle squadriglie** sono molto orgogliosi e vogliono essere visti come parte della comunità. È bellissimo vedere sfilare gli **squadroni** nelle loro divise colorate mentre sventolano le loro bandiere. Ci sono anche militari in **kilt** perché qui ci troviamo in Nuova Scozia, o New Scotland.

⋆⁓ HALIFAX FORTIFICATIONS ⁓⋆

WELCOME to Halifax Harbor; for centuries it was protected by formidable fortresses, the only outposts to guard the English empire on the Atlantic coast. For years Halifax has had a naval base in Sherwater, the seat of the fleet. The first fort is York Redoubt, which sits at the entrance of the harbor and is situated on an ideal site for defense, a sixty-meter high cliff which boasts of being the highest point on the channel.

From this point one can see six other forts on the Halifax side, four on the island of McNab, one on St. George Island. These islands are right in the harbor entrance. Three are on the side of Dartmouth, the city opposite Halifax. In all there are fourteen sentinels for the protection of the entrance to Halifax Harbor.

York Redoubt was built in 1793 during the war between England and France. There was a tower from which communication could be sent by signals. It was equipped with many cannons and ammunition, with each ball weighing 24 pounds. In subsequent wars, these fourteen sentinels were improved by new discoveries and advancements in warfare.

The lighthouse of St. George Island began to operate in 1876 and continued its activity until the fire of 1916. It was rebuilt. In 1972 it was automated, and the warden and his family left the island. In the photo one can see the whole island with the fortifications and the lighthouse.

In 1954 the lighthouse keeper, Leonardo Matthews, was using homing pigeons for communicating important messages. He had a rowboat, which was his only transportation.

The Dingle Tower is a very visible stronghold that faces the northwest arm.

In the center of the city of Halifax, one can see The Citadel, the fortress of the city, built in the form of a star.

In Halifax there are many military parades in which all branches of the armed forces participate. The commanders of the squadrons are very proud and want to be seen as part of the community. It is beautiful to see the squadrons dressed in many colors while they parade their flags. There are also squadrons in kilts, because we find ourselves in Nova Scotia, or New Scotland.

VOCABOLARIO
Le fortificazioni di Halifax

accorgimenti bellici: war upgrades
avamposto: outpost
canale: channel
Cittadella: citadel or stronghold
comandanti delle squadriglie: commanders of the squadrons
di fronte: opposite
faro: lighthouse
flotta: fleet
fortezza: fortress
fortificazioni: fortifications
guardiano: warden
inviare: send
kilt: kilt
libbre: pounds
munizione: ammunition
piccioni viaggiatori: homing pigeons
protezione: protection
torre: tower
scogliera: cliff
segnali: signals
sentinelle: sentinels, guards
squadroni: squadrons

✤ 29. I PIEDI DI JEROME ✤

Il 29 aprile 1967 mi sono sposata con Don Bailey. Siamo andati ad abitare con sua madre a Scarborough, Maine. La prima volta che entrai in un negozio, il **commesso** mi chiese se fossi **imparentata** con Bill Bailey. Io non sapevo che il nome Bill Bailey comparisse nel testo di una canzone, così risposi che mi ero appena sposata, ero da poco arrivata in città e non conoscevo tutti i miei nuovi parenti. Il povero commesso mi guardò **interdetto** senza dire più una parola!

Durante i successivi mesi di maggio e giugno fui chiamata come insegnante **supplente** alle scuole di Portland.

In agosto partimmo finalmente per la luna di miele. Ci recammo all'Expo 1967 di Montreal, Canada. In settembre Don si **arruolò** nell'esercito e partì per l'**addestramento** a Fort Devens in Massachusetts.

Il guardiacaccia con Jerome, circondato da Anna e dalle sue due figlie / The game warden with Jerome, surrounded by Anna and the warden's daughters

Intanto io continuavo con l'insegnamento, mi affidarono la prima classe della Scuola Woolsen proprio nel centro di Portland da settembre 1967 a giugno 1968. Ma già nel luglio del 1968 ci dovemmo spostare, prima a Fort Benning in Georgia, poi a Fort Bragg in North Carolina. Qui avevo dovuto **momentaneamente** rinunciare alla scuola e trovai un posto di cameriera. Mi ricordo due locali dove ho lavorato, uno era "The Lobster House" e l'altro un posto che serviva colazione e pranzo e si chiamava "Diner Bob."

Nel febbraio 1969 ritornai ad abitare ad Halifax, dove erano i miei genitori, perché ero **incinta** di cinque mesi. Quando arrivai, la scuola di St. Mary aveva bisogno di una sostituta e così ho insegnato fino a venerdì 16 maggio. Il sabato 17 maggio, nacque Jerome **proprio in tempo**!

Don poté venire a trovarci il 19 maggio ma gli fu impedito di abbracciare il piccolo Jerome perché si temeva qualche contaminazione, essendo Don appena tornato da un addestramento nella **giungla** di Panama. Successivamente partì per il Vietnam, dove rimase per 12 mesi. In quell'anno, io e Jerome abbiamo vissuto con i miei genitori, e io insegnavo francese in due scuole elementari. Mia nonna mi aiutava occupandosi del bambino, una grande nonna.

In giugno tornò Don e Jerome camminava ormai molto bene. In un pomeriggio di una caldissima domenica, mentre io e Don eravamo in cucina, il bambino era uscito di casa a piedi nudi. Purtroppo il viale era stato da poco **incatramato**.

Mia madre dallo scantinato uscì gridando perché aveva sentito Jerome piangere di dolore.

Trovammo il bimbo con i piedi **gonfi**. Lo portammo al **pronto soccorso** dove un medico **fasciò** i piedi con delle **bende** e mi raccomandò di non farlo camminare, di tenerlo piuttosto in braccio, di prestare molta attenzione e di cambiare le bende **quotidianamente** per evitare ogni possibile infezione. Quell'estate fu durissima per tutti e soprattutto per me che sentivo un grande **rimorso** per l'incidente. **Superammo** tutte le difficoltà solo quando Jerome finalmente guarì.

Da quel momento in poi Jerome mise sempre calzini e scarpe. Anche in spiaggia mi preoccupavo di coprirgli i piedi perché ora avevano meno sensibilità. Questo evento ha costituito per me una lezione di vita **indelebile**.

Andavamo sempre a pesca e Jerome amava molto afferrare i pesci con le mani.

Un giorno eravamo sulla riva del fiume Ammanoosic insieme a mia sorella Anna e stavamo aspettando Don che si era allontanato con mio fratello Venanzio. Passò un **guardiacaccia** che passeggiava con le sue figlie e volle sapere perché ci trovassimo lì. Abbiamo risposto che aspettavamo Don e Venanzio. Ci lasciarono ma io feci una foto per farla vedere a mio marito. Quando ritornò, Don mi spiegò che il guardiacaccia sicuramente voleva controllare se avessimo pescato illegalmente. Quella è stata l'unica volta in tanti anni di caccia e pesca in cui mi è capitato di incontrare un guardiacaccia.

La vita dunque dopo l'incidente è continuata per Jerome e per tutta la nostra famiglia. Anche questa è una lezione da imparare e ricordare sempre.

JEROME'S FEET

On April 29, 1967, I married Don Bailey. We went to live with his mother in Scarborough, Maine. The first time I went to a store, the clerk asked me if I was related to Bill Bailey. I did not know that the name Bill Bailey was in a song, so I answered that I was newly married, was new to the city, and did not know all of my new relatives. The poor clerk looked at me dumbfounded without saying anything.

During the subsequent months of May and June I was called to be a substitute teacher in the Portland schools.

In August we finally left for our honeymoon. We went to Expo 1967 in Montreal, Canada. In September Don enlisted in the army and left for boot camp at Fort Devens, Massachusetts. Meanwhile they assigned me to teach first grade at Woolsen School in the center of Portland from September 1967–June 1968. But then in July 1968 we had to move, first to Fort Benning in Georgia, then Fort Bragg in North Carolina. Here I had to temporarily give up school and got a job as a waitress. I remember two places where I worked: one was "The Lobster House" and the other a place that served breakfast and lunch, called "Diner Bob."

In February 1969 I returned to live in Halifax where my parents were because I was five months pregnant. When I arrived, St. Mary's

School needed a substitute, and so I worked until Friday, May 16. On Saturday, May 17, Jerome was born, right on time.

Don was able to come and visit us on May 19 but was prevented from hugging little Jerome because there were fears of some contamination, as Don had just returned from training in the jungle of Panama. He then left for Vietnam, where he remained for 12 months. That year Jerome and I lived with my parents, and I taught French in two elementary schools. My grandmother was my babysitter, a true *nonna*.

In June Don returned, and Jerome was walking very well. One very hot Sunday afternoon, while Don and I were in the kitchen, the baby went out of the house barefoot. Unfortunately, the driveway had recently been tarred.

My mother ran from the cellar yelling that Jerome was crying in pain. We found the baby with his feet swollen. We took him to the emergency room where the doctor wrapped bandages on his feet and told me not to let him walk, to carry him in my arms, to be careful and to change the bandages daily so as to avoid every infection. That summer was very hard for everyone and, above all, for me because I felt a great remorse about that incident. We overcame all the difficulties only when Jerome was finally cured.

From that moment on Jerome always wore socks and shoes. Even at the beach I was concerned about covering his feet because they now had less sensitivity. This event was an indelible life lesson for me.

We often went fishing, and Jerome liked to hold the fish in his hands. One day we were on the bank of the Ammanoosic River with my sister Anna, and we were waiting for Don who had gone away with my brother Venanzio. A game warden who was walking with his two daughters approached us and wanted to know why we were there. We answered that we were waiting for Don and Vincent. They left, but I took a picture to show it to my husband. When he returned, Don explained to me that the game warden surely wanted to check whether we had fished illegally. That was the first time in all the years that I went hunting and fishing that I ever met a game warden.

Thus, life continued after the incident for Jerome and for all the family. Even this is a lesson to learn and remember forever.

VOCABOLARIO
I piedi di Jerome

addestramento: trained
arruolò: he enlisted
bende: bandage
commesso: shop assistant
esercito: army; armed forces
fasciò: he bandaged
giungla: jungle
giusto in tempo: just in time
gonfi: swollen
guardiacaccia: game warden
imparentata: related
incatramato: tar
incidente: accident
incinta: pregnant
indelebile: indelible
interdetto: dumbfounded
pronto soccorso: emergency room
proprio in tempo: right on time
momentaneamente: temporarily
quotidianamente: daily
rimorso: remorse
sostituta or supplente: substitute
superammo: we overcame

·» 30. LA SCOPERTA «·

L'OPPORTUNITÀ **bussa** solo una volta e se non viene colta non ritorna mai più. Questo è ciò che dice sempre mio cognato Clarence. Lui è un arboricoltore e possiede una sua **azienda** dove incominciò a lavorare con il solo aiuto di sua moglie, Elena, che gli faceva da **contabile** e segretaria. Le sue lunghe e **faticose** giornate di lavoro con gli anni fecero crescere l'attività tanto che a un certo punto poté **assumere** altri lavoratori. **Nonostante** ciò Clarence ha mantenuto sempre il suo impegno, era ed è rimasto il primo a iniziare quotidianamente il lavoro e l'ultimo a smettere.

Negli anni ha accresciuto inoltre di molto i suoi beni immobili. Scoprì una casa in vendita a Fleming Park proprio accanto ai **sentieri** e ai laghi dell'immenso parco. L'**acquistò** e nel giro di pochi anni riuscì a restaurarla rifinendola con bellissime pietre; sempre con le pietre del posto, fece costruire davanti all'ingresso della casa una "**follia**" che, imparai in quella occasione, è una struttura architettonica che ha solo

---

Clarence nel cassone di uno dei suoi camion / Clarence in the bucket of one of his trucks Clarence, papà e mamma ammirano l'orso scolpito che avrebbe abbellito la sua follia. / Clarence, Papa, Mamma admiring the carved bear that would grace his folly.

uno scopo decorativo. Nella follia fece collocare un orso realizzato da un **intagliatore** con il tronco di un grande albero.

In seguito, avendo avuto dei bambini, si mise alla ricerca di un **rifugio** vicino al lago. Lo trovò a soli quarantacinque minuti dalla sua casa. Poco dopo chiacchierando con i vicini scoprì che era in vendita la **fattoria** dei suoi sogni. La comprò e cominciò a piantare e coltivare mirtilli, aglio, pomodori, basilico, peperoni e peperoncini da vendere e per uso famigliare. La sua fattoria ha richiesto molto lavoro. Il suo ingresso imponente, che ricorda quello di una grande **tenuta**, ha un viale di **ghiaia** con alberi su **entrambi** i lati e vasche d'acqua dalla superficie riflettente.

In questa tenuta ha messo delle telecamere di sorveglianza che permettono di registrare la vita della fauna che vive e si muove di notte liberamente nel territorio. Per proteggere dagli animali i suoi mirtilli ha dovuto però alzare una **recinzione** altissima sostenuta da **pali** delle dimensioni di quelli telefonici. Ma i mirtilli non sono l'unico frutto coltivato, in realtà poco alla volta ha realizzato un grande **frutteto** nel quale ha selezionato le migliori varietà di mele, pesche e pere. Per facilitare l'**impollinazione** ha imparato ad **allestire** gli **alveari** e ad **averne cura** in modo da ottenere anche miele per la sua famiglia.

Un giorno andando in fattoria scoprì con sorpresa che un palo della recinzione era stato **sradicato** e due filari di **bacche** erano state **strappate** dalle **radici**. Vide dalle registrazioni delle telecamere che il **danno** era opera degli orsi. Allora montò una recinzione elettrica nella speranza di evitare ulteriori disastri.

Quando decise di ridipingere la casetta nella fattoria fece una bella scoperta: trovò che nel passato avevano messo dei giornali sotto il linoleum per renderlo più **piatto**. Così recuperò un giornale datato 28 marzo 1949 nel quale si raccontava dei primi tram elettrici introdotti ad Halifax. Lo trovò così interessante che ne fece dei poster e li regalò, ne diede uno al sindaco di Halifax per l'archivio del Comune, ne tenne uno nel suo ufficio e uno lo regalò a me. Tutti quelli che entravano nel suo ufficio potevano ammirare questo antico tram che si muoveva attaccato ai **cavi** elettrici e faceva una corsa **fluida** ed economica.

Clarence si preoccupava di soddisfare sempre la sua clientela **abituale** e i clienti lo ricambiavano essendo disposti anche a lunghe attese pur di essere seguiti da lui. Ogni tempesta abbatte sempre gli alberi. I suoi clienti erano contenti di lui perché non amava **abbattere** gli alberi se non era necessario. Avevano grande **fiducia** in lui.

Geoffrey, il figlio maggiore di Clarence, è diventato un arboricoltore a sua volta ed è entrato nell'azienda di suo padre. Con il suo aiuto l'azienda è cresciuta ancora di più. Geoffrey si occupa dei contratti delle **imprese** e Clarence si occupa ancora delle proprietà residenziali. L'azienda è cresciuta così tanto che ora possiede 28 camion e **impiega** molti lavoratori. Inoltre hanno trovato e subito acquistato un ampio terreno dove hanno costruito un grande garage per i loro camion e un magazzino da affittare per avere una rendita in più.

Clarence e la sua famiglia lavorano insieme anche in cucina. Durante il periodo del raccolto preparano salse, **sottaceti** e pesto. Clarence si prende raramente del tempo libero. Il suo momento di relax è stare in fattoria ogni fine settimana senza cellulare. Ama le persone e ama parlare con ognuno che incontra senza mai **disprezzare** nessuno. Il suo motto è "ognuno ha qualcosa di buono da dire."

Clarence è vissuto fino a sedici anni presso una **famiglia affidataria**. È sempre stato amichevole; infatti, è membro di ben tre comunità della Nuova Scozia: Queens, Lunenberg, e Halifax County. Ed è anche molto legato a sua moglie. Quando Elena e io ci recammo in Italia per un matrimonio, Clarence mi disse preoccupato, "Riportamela, non lasciarla lì," perché, come ripete spesso, sua moglie è la sua più grande scoperta.

⋆⋙ THE DISCOVERY ⋘⋆

"Opportunity only knocks once, and if it is not seized, it never comes back." That's what my brother-in-law, Clarence, says. He works as an arborist and started his company with only the help of his wife, Elena, as an accountant and secretary. The long, tiring working hours made his business grow so much that he started hiring other workers. Despite this, he was always the first on the job and last to leave.

Over the years he also greatly increased his real estate.

Clarence discovered a house for sale right next to the paths and lakes in Fleming Park. He purchased it and within a few years managed to remodel it and even build a folly made of stones in front of the entrance. I learned then that a folly is a decorative building. He found a woodcutter to carve a bear from the trunk of a large tree and put the bear into the folly.

Because of his growing family, he wanted to find a getaway house near a lake. He discovered one just forty-five minutes from his house. Shortly after, due to talking with his neighbors, he discovered the farm of his dreams was for sale. He bought it and began growing blueberries, garlic, tomatoes, basil, peppers, and chili peppers for sale and for his own use. His farm took a lot of work. Its stately entrance, reminiscent of a grand estate, has a gravel driveway lined with trees on either side and reflective pools of water.

In this estate he has installed surveillance cameras that allow him to record the life of the fauna that lives and moves freely in the territory at night. To protect his blueberries from animals, however, he had to put up a very high fence supported by poles the size of telephone poles. But blueberries are not the only fruit grown; in fact little by little he has created a large orchard in which he has selected the best varieties of apples, peaches, and pears. To facilitate pollination, he has learned to set up hives and take care of them so as to also obtain honey for his family.

One day he went to the farm and was surprised to find that a telephone pole was uprooted and two rows of berries were torn from the roots. He saw on film that the damage was the work of bears, so he installed an electric fence in hopes of avoiding further disasters.

When he decided to repaint the little house on the farm he made a nice discovery; he found that in the past they had put newspapers under the linoleum to make it flatter. Thus, he found a newspaper dated March 28, 1949, that told of the first electric streetcars introduced in Halifax. He found it so interesting that he made posters of it and gave them away; he gave one to the Mayor of Halifax for the City Archives, he kept one in his office, and he gave one to me. Everyone who came into his office could see this old streetcar that moved attached to electric wires and provided a smooth and economical ride.

Clarence was pleased to have many repeat customers. Many would wait until he could do the job. Every storm always damages trees. Many customers were happy with him because he didn't like cutting down trees if it wasn't necessary. They had great faith in him.

Geoffrey, Clarence's elder son, became an arborist himself and joined the business. With his help the company grew even more. Geoffrey handles business contracts, and Clarence still handles residential properties. The company has grown so much that it now has 28 trucks and employs many workers. They also found and quickly purchased a large plot of land where they built a huge garage for their trucks and a warehouse to rent out for extra income.

Clarence and his family also work together in the kitchen. During harvest time they prepare salsa, pickles, and pesto. Clarence rarely takes time off. His relaxation time is spent working on the farm every weekend with no cell service. He loves people and loves to talk to everyone he meets, and never looks down on anyone. His motto is "Each one has something good to say."

Clarence lived his life until he was 16 years old in a foster home. He was always friendly; in fact, he became a member of three communities in Nova Scotia: Queens, Lunenberg, and Halifax County. He is also very close to his wife. When Elena and I went to Italy for a wedding, Clarence told me, "Bring her back to me. Don't leave her there," because, as he always says, his wife is his greatest discovery.

VOCABOLARIO
La scoperta

abbattere: to break down
abituali: regulars
acquistò: acquired
allestire: set up
alveari: hives
averne cura: take care of it
assumere: to assume
azienda: agency
bacche: berries
bussa: knocks
cavi: outlets
contabile: accountant
danno: damage
disprezzare: to look down on

entrambi: both
famiglia affidataria: foster home
faticose: tiring
fattoria: farm
fiducia: trust
fluida: fluid
follia: folly
frutteto: orchard
ghiaia: gravel
impiega: employs
impresse: imprinted
impollinazione: pollination
nonostante: despite
pali: poles

piatto: flat
raccolto: harvest
radici: roots
recinzione: fence
rifugio: a place of refuge
scoperta: discovery

sentieri: paths
sottaceti: pickles
sradicato: uprooted
strappate: torn
intagliatore: woodcutter
tenuta: estate

❖ 31. INCENDI E ALLUVIONI ❖

L'ESTATE del 2023 è stata registrata come la stagione più devastata da **incendi**, vuoi **spontanei**, vuoi determinati da errore umano, nella storia del Canada. L'inverno aveva avuto poche nevicate e la primavera **secca** aveva reso il suolo terreno fertile per gli incendi. Il primo fu **innescato** da un giovane canadese di 22 anni, Dalton Clark Stewart, che pur non avendone il permesso aveva acceso un fuoco a Shelburne vicino al Lago Barrington. Poi, non riuscendo a **governare** le fiamme, aveva lasciato che l'incendio si allargasse. Era il 23 maggio 2023, e **bruciarono** 25.525 ettari di terreno, 60 case, 150 altre strutture, e 6.000 famiglie furono **costrette** all'evacuazione. I pompieri riuscirono a mettere sotto controllo l'incendio il 15 giugno ma le fiamme si spensero completamente solo con le alluvioni del 21/22 luglio. In quella stessa zona, nello stesso periodo, **divamparono** 220 incendi.

Le alluvioni del 2023 hanno spazzato via molte strade e causato milioni di dollari di danni. / The floods of 2023 washed away many roads and caused millions of dollars of damage.

Il secondo incendio **scoppiò spontaneamente** nei boschi tra l'area di Tantallon e la **pianura** di Hammonds nella zona di Halifax. Divampò il 28 maggio e fu **spento** il 20 giugno. Le fiamme erano **spinte** da un forte vento che ne determinava la direzione. A ogni folata di vento, le **scintille** saltavano di casa in casa, di strada in strada, radendo **al suolo** le abitazioni una dopo l'altra. Non c'era modo di capirne la direzione, ma sembrava che l'incendio riproducesse uno **schema a campana**, come il gioco dei bambini. Fu finalmente messo sotto controllo il 15 giugno 2023 dopo aver distrutto 150 edifici. Anche due miei nipoti dovettero evacuare le loro abitazioni ma fortunatamente al loro ritorno trovarono che le loro case non avevano **subito** danni. L'RCMP non riuscì mai a stabilire le responsabilità degli incendi di Tantallon e di Hammonds.

Dopo gli incendi arrivò l'acqua. Dal 21 al 22 luglio del 2023 la Nuova Scozia fu inondata da una tempesta di pioggia torrenziale con tuoni e fulmini spaventosi. Quest'**alluvione**, che qualcuno chiamò "diluvio **biblico**," fu una benedizione per gli incendi ma comportò un prezzo molto caro. La pioggia inaspettata si abbatté sulle zone di Chester, i comuni di Halifax, Est e Ovest Hants e anche nei distretti di Lunenburg e Queens. L'acqua **allagò** case, strade, e autostrade. La gente passò l'intera notte a svuotare con i secchi l'acqua che aveva invaso le cantine. Anch'io ho trascorso così la notte, senza dormire. Nessun aiuto poteva raggiungerci perché i vialetti e le strade non c'erano più. Si trattò veramente di un'alluvione incredibile. Si stima che alcune zone ricevettero 300 millilitri d'acqua ma Mahone Bay ne ricevette 800-980. I danni per l'intera zona furono stimati in 200.000.000. di dollari. La pulizia delle città iniziò il 24 luglio dopo che era stato dichiarato lo stato di emergenza per due settimane. Il primo provvedimento disponeva che alcune **tonnellate** di **ghiaia** venissero **scaricate** nei vialetti **spazzati via**.

Per quanto riguarda i danni alle abitazioni allagate, ci vollero mesi prima che le agenzie assicurative accettassero le numerose richieste di rimborso. L'anno 2024 vedrà finalmente tutte le case ristrutturate con materiali nuovi e migliori. In particolare, le cantine saranno tutte **impermeabilizzate** con sistemi e preparati di nuova invenzione, come il **poliacrilico** che viene applicato solo da **appaltatori** professionisti. Tutte le regioni si aspettano stagioni migliori per il futuro perché il peggio è già successo.

⇾ FIRES AND FLOODS ⇽

The summer of 2023 was the most devastating season on record in terms of wildfires or those caused by human error in the history of Canada. The winter had had little snow and the dry spring made the soil an excellent breeding ground for fires. The first was started by a young 22-year-old Canadian, Dalton Clark Stewart who, even though he didn't have permission to burn, started a fire in Shelburne near Lake Barrington. When he couldn't put it out, he let it burn, and the fire got bigger. This fire on May 23, 2023, destroyed 25,525 hectares of land, 60 homes,150 other structures, and 6,000 families were forced to evacuate. The firefighters brought it under control on June 15, but the flames went out completely only during the floods of July 2–22. In the same zone in the same period 220 fires broke out.

The second fire broke out spontaneously between the woods in the Tantallon area and the Hammonds Plain in the Halifax area. It began on May 28 and was extinguished on June 20. The flames were driven by a strong wind that determined their direction. With every gust of wind, sparks jumped from house to house, street to street, flattening homes one after another. There was no way to tell where it was going, but it seemed to be in a hopscotch pattern, like a child's game. It was finally brought under control on June 15, 2023, after destroying 150 buildings. Two of my nephews also had to evacuate but fortunately returned to find their homes undamaged. The RCMP were never able to determine who was responsible for the Tantallon and Hammonds fires.

After the fires, rain arrived. On July 21–22, 2023, Nova Scotia was inundated by a torrential rainstorm with scary thunder and lightning. That flood, which someone called a Biblical Flood, was a blessing for the fires but at a very high price. This unexpected rain hit the areas of Chester, Halifax municipalities, East and West Hants, and also the counties of Lunenburg and Queens. Water deluged homes, streets, and highways. People spent the whole night with buckets bailing the water that had invaded the cellars. I also spent the night the same way, without sleeping. No help could reach us because the paths and roads were no longer there. It was truly an incredible flood! It is estimated that some areas received 300 milliliters of water, but Mahone

Bay received 800 to 980. The damage for the entire area was estimated at $200,000,000. The city cleanup began on July 24 after a two-week state of emergency was declared. The first measure ordered that several tons of gravel be dumped where driveways had been swept away.

As for the damage to the flooded homes, it took months before insurance agencies accepted the numerous claims for reimbursement. The year 2024 will see all homes updated with new and better materials. Cellars in particular will all be receiving the most up-to-date systems and preparations for waterproofing with the new invention of a polyacrylic that is only applied by professional contractors. All regions expect better seasons in the future, because the worst has already happened.

VOCABOLARIO
Incendi e alluvioni

allagato/allagò: flooded
alluvione: flood
al suolo: to the ground
appaltatori: contractors
biblico: biblical
costrette: forced
divamparono: flared up
ghiaia: gravel
governare: to control
impermeabilizzate: impermeable
incendi: fires
innescato: triggered
pianura: plains

poliacrilico: polyacrylic
schema a campana: hopscotch
scintille: sparks
scaricate: unload
scoppiò spontaneamente: burst spontaneously
secca: dry
spazzati via: washed away
spento: burned out
spinte: driven
spontanei: spontaneous
subito: suffered
tonnellate: tonnage

❖ 32. LA FONTANA DI CIOCCOLATO ❖

Ho scoperto la fontana di cioccolato al **ricevimento** di **nozze** di un'amica. Non ne avevo mai visto una prima di allora. Alla base erano stati disposti frutti a fette, fragole, cubetti di torta e **persino salatini** che venivano ricoperti dal cioccolato che scendeva copioso dalla fontana. Per molti questo fu il dolce più **apprezzato**, lo è stato anche per me.

La famiglia Martino, gli attuali studenti di Egizia, stanno gustando dolcetti ricoperti di cioccolato dalla stessa fontana che Egizia ha portato a casa di Giovanna. / The Martino family, current students of Egizia are enjoying chocolate covered treats from the same fountain Egizia brought to Giovanna's house.

Ho rincontrato la fontana a un ballo in cui indossavamo **abiti da sera** e **smoking**. Anche qui c'era un assortimento di frutta e verdura esotica tagliata, tra le quali gli ospiti potevano scegliere. Sono rimasta così **colpita** dalla fontana che ho iniziato a guardare nei negozi per comprarne una. L'ho trovata **in saldo** per 25 dollari.

La fontana divenne il mio **orgoglio** e la mia **gioia**. Era facile da montare e smontare, **cosicché** trovavo ogni **pretesto** per invitare le mie amiche e offrivo loro sempre dolci dalla fontana. La mia vicina di casa, Gail, fu la prima a venire ad **assaggiare** queste **prelibatezze**. Amava il cioccolato quindi la facevo molto felice e poi era molto sorpresa dalla facilità del montaggio. Il cioccolato impiegava un certo tempo per **sciogliersi** a **bagnomaria** e occorreva anche attenzione per evitare che non si bruciasse. Quando il cioccolato fondeva, **intingevamo** le prelibatezze per mangiarle ricoperte di cioccolato. Questa fu la nostra **chicca pomeridiana**. Mi veniva chiesto di portare la mia fontana ogni volta che andavo a una riunione o a una festa con grande soddisfazione delle padrone di casa.

Ogni volta che avevamo visitatori sistemavo la mia fontana sul bancone della mia cucina e sorprendevo i miei ospiti. Ho avuto anche degli amici che mi hanno chiesto **in prestito** la fontana per le loro occasioni speciali.

Capitò che mia sorella Giovanna volesse festeggiare con tutta la famiglia la sua nuova casa. Era una casa di nuova costruzione che lei aveva arredato magnificamente. Mi chiese di portare la mia fontana alla nostra riunione estiva. Mi sistemai nella veranda **sul retro** dove c'era la **presa di corrente**. Disposi la frutta tagliata e i salatini tutt'intorno alla fontana e aspettavo che il cioccolato fuso cominciasse a scorrere; quindi, andai a salutare i miei familiari. Quando tornai, il cioccolato **scorreva** a fiumi, il vento **soffiava** e la gran parte del cioccolato volava via andando a **spalmarsi** sui **rivestimenti** della nuova casa. Provai a mettere le braccia attorno alla fontana per tentare di bloccare il flusso di **schizzi** e intanto gridavo perché Giovanna accorresse. Quando lei arrivò si limitò a **staccare la spina** e la fontana si placò. Quella fu un'ottima idea ma a me non era venuta in mente.

Mettemmo dunque la frutta e i salatini nelle **ciotole**, e il cioccolato in una pentola per la fonduta. Tutti rimasero dentro a mangiare frutta e salatini ricoperti di cioccolato. Io passai il resto del tempo a pulire i rivestimenti della casa e il terrazzo che pure si era notevolmente **imbrattato**, e non permisi a nessuno di aiutarmi perché mi sentivo responsabile del disastro. Il mio orgoglio e la mia gioia mi avevano **deluso**.

Ciò che ho imparato è stato di non usare mai la fontana all'aperto in una giornata ventosa. Giovanna ancora racconta la divertente storia di quando Egizia portò la fontana di cioccolato.

❧ THE CHOCOLATE FOUNTAIN ☙

I DISCOVERED the chocolate fountain at a friend's wedding reception. I had never seen one before. At the base were placed sliced fruit, strawberries, cake cubes, and even saltines which could be covered by chocolate that flowed copiously from the fountain. For many, it was the most appreciated dessert; it was also for me.

I encountered the fountain again at a ball where we wore evening gowns and tuxedos. Here too was an assortment of exotic cut fruits and vegetables from which guests could choose. I was so impressed with the fountain that I started looking in stores to buy one. I found one on sale for $25.

The fountain became my pride and joy. It was easy to assemble and disassemble, so I found every opportunity to invite friends and always offered them sweets from the fountain. My neighbor, Gail, was the first to come to taste these delicacies. She loved chocolate; therefore, it made her very happy, and she was surprised to see how quickly the fountain was put together. The chocolate took a certain time to melt in the double boiler, and care was needed to avoid it burning. When the chocolate melted, we dipped delicacies until we had them covered in chocolate. This was our afternoon treat. I was asked to bring my fountain whenever I went to a meeting or party, much to the delight of the hostesses. Every time we had visitors, I would set up my fountain on the kitchen counter and surprise my guests. I've also had friends ask to borrow the fountain for their special occasions.

It happened that my sister Giovanna wanted to celebrate her new home with the whole family. It was a newly built house that she had furnished magnificently. She asked me to bring my fountain to our summer reunion. I settled into the back porch where the electrical outlet was. I arranged the cut fruit and saltines around the fountain and waited for the melted chocolate to start flowing, then went to say hello to my family. When I returned, the chocolate was flowing freely, the wind was blowing, and most of it was flying off and splashing all over the siding of the new house. I tried to put my arms around the fountain to try to stop the flow of splashes while I shouted for Giovanna to come running. When she arrived, she simply unplugged the fountain and it stopped. That was a great idea, but it hadn't occurred to me.

We then put the fruit and the crackers in bowls and the chocolate in a fondue pot. Everyone stayed inside to eat the fruit and the crackers covered in chocolate. I spent the rest of the time cleaning the siding of the house and the terrace that was also considerably smeared, and I did not allow anyone to help me because I felt responsible for the disaster. My pride and joy had failed me.

What I learned was to never use the fountain outside on a windy day. Giovanna still tells the funny story of when Egizia brought her chocolate fountain.

VOCABOLARIO
La fontana di cioccolato

abiti da sera e smoking: evening dresses and tuxedos
apprezzato: appreciated
assaggiare: to taste
bagnomaria: double boiler
chicca pomeridiana: afternoon treat
ciotole: bowls
colpita: impressed
cosicché: so that
deluso: devastated
gioia: joy
imbrattato: smeared
in prestito: borrowed
in saldo: on sale
intingevamo: we dipped
orgoglio: pride
persino: even
prelibatezze: delicacies
presa di corrente: electric outlet
pretesto: opportunity
ricevimento di nozze: wedding reception
rivestimenti: coverings
salatini: crackers
sciogliersi: would dissolve
scorreva: it flowed
schizzi: splashes
soffiava: it blew
spalmarsi: to spread
staccare la spina: pull the plug
sul retro: on the back